**HEINZ BIENEFELD** Bauten und Projekte

Verlag der Buchhandlung Walther König, Köln

# HEINZ BIENEFELD

Bauten und Projekte

Manfred Speidel

Sebastian Legge

Die Deutsche Bibliothek – CIP-Einheitsaufnahme

Speidel, Manfred:
Heinz Bienefeld: Bauten und Projekte / Manfred Speidel;
Sebastian Legge. – Köln: König, 1991
NE: Legge, Sebastian; Bienefeld, Heinz [Ill.]

© 1991 Manfred Speidel, Sebastian Legge
Verlag der Buchhandlung Walther König, Köln

Alle Rechte, auch die des auszugsweisen Nachdrucks,
vorbehalten.

Gestaltung: Sebastian Legge, Berlin
Satz: Neusatz, Köln
Lithographie: Miess GmbH, Köln
Druck: Farbo, Köln

ISBN 3-88375-131-6

Inhalt

| | | |
|---|---|---|
| 7 | Vorwort | |
| | Die Wiederkehr der Architektur | |
| 10 | Suche | |
| 16 | Die Lehrer | |
| 24 | Klassik | |
| 28 | Architektur | Raum |
| 40 | | Bauformen |
| 46 | | Proportionen |
| 56 | Material | |
| 58 | Epilog | |
| | Bauten und Projekte | |
| 62 | Bischofskirche St. André | |
| 64 | Pfarrkirche St. Willibrord | |
| 74 | Haus Nagel | |
| 82 | Friedhofskapelle Frielingsdorf | |
| 84 | Haus Pahde | |
| 92 | Pfarrkirche St. Bonifatius | |
| 100 | Haus Klöcker | |
| 106 | Haus Stein | |
| 118 | Haus Schütte | |
| 128 | Museum Ludwig | |
| 130 | Opera de la Bastille | |
| 134 | Haus Reich-Specht | |
| 142 | Haus Bähre | |
| 152 | Haus Groddeck | |
| 160 | Haus Heinze-Manke | |
| 172 | Haus Helpap | |
| 182 | Haus Holtermann | |
| 192 | Haus Kühnen | |
| 204 | Haus Babanek | |
| 211 | Werkverzeichnis | |
| | Anhang | |
| 235 | Biographie | |
| 237 | Bibliographie | |
| 240 | Fotonachweis | |

**VORWORT**

Manfred Speidel und Sebastian Legge
August 1991

Vor einigen Jahren machten wir eine Studie zum Thema Licht und Architektur.
Wir untersuchten dabei auch Heinz Bienefelds Wohnhaus, den umgebauten Bauernhof Haus Derkum in Ollheim. Unter allen Beispielen zwischen Barock, Expressionismus und Le Corbusier war Bienefelds Haus das einfachste. Es ist weder plastisch geformt, noch dramatisch zu Erlebniswelten von Licht und Schatten gestaltet. Es birgt etwas anderes. Die weißgekälkten Wände leuchten im Wechsel des Sonnenlichtes und nehmen alle Farben auf, die die Sonnenstrahlen auf ihrem Weg treffen: das Rot der Ziegelsteine des Hofes, die Kühle des Betonbodens der Halle und alle die Farben, die vorüberhuschen. Dort, wo die Sonne nicht direkt auftrifft, sondern reflektiert wird, erscheint es, als ginge das Licht von der Wand selber aus, als wäre sie die Quelle des Lichtes. Die Raumhülle scheint sich dann zu dehnen, die harten Grenzen werden durchlässig. Man beginnt zu atmen. Dieser frische Atem und ein körperliches Gefühl des sich Ausdehnens überkommt jeden Besucher eines Hauses von Heinz Bienefeld.
Kann man diese Qualitäten in einem Buch wiedergeben?
Nein! Das Buch ist lediglich Vorbereitung, vielleicht eine Anleitung zum Sehen oder eine Hilfe für die Erinnerung. Das Buch soll nicht die Wirklichkeit ersetzen oder eine andere Realität als Ersatz anbieten.
Wir haben deshalb auf farbige Fotografien verzichtet und statt dessen einige farbige Zeichnungen beigefügt, die im Schaffensprozeß des Architekten eine klärende Rolle spielen, obgleich ihre Farben nichts mit der baulichen Realität zu tun haben.
19 Projekte aus der Arbeit von 25 Jahren werden ausführlicher gezeigt, jedoch nicht unter allen Aspekten. Zusammen mit dem vollständigen und durch Grundrisse bebilderten Werkverzeichnis steht die Entwicklung des Raumgedankens im Vordergrund. Fotografieren lassen sich Details sicherlich besser, aber für die Baukunst muß der Raum an erster Stelle stehen, sonst wird alles andere zu „Kunstgewerbe".
Diese erste Monographie soll jedoch, dem Charakter Bienefelds entsprechend, so sachlich wie möglich sein. Seine Vorstellungs- und Gedankenwelt analytisch zu erschließen, ist ein Versuch, der „Sache" näherzukommen. Da Analysen die Aspekte teilen, können sie niemals das komplexe Vorstellungsgeflecht, das unendliche Suchen des Künstlers wiedergeben. Sie können vielleicht erreichen, daß man in der Sache, wie in der Geschichte Zusammenhänge auffindet. Sie können vielleicht auch der Anfang und das Fragment eines architektonischen Lehrbuches sein.
Die Wirklichkeit des Gebauten ist stärker als seine Darstellung, aber die Wirklichkeit des Bauens bleibt auch hinter den Vorstellungen des Künstlers zurück, ist selber nur Annäherung. Die Analyse kann einiges von den Konzeptionen herauspräparieren und bewußt machen.
Obgleich Heinz Bienefeld seit dem Ende der Fünfziger Jahre für sich bestimmte Grundfragen der Architektur mit dem Studium des Klassischen zu lösen versuchte, ist er, ohne die Grundsätze des Klassischen aufzugeben, durch sie hindurchgedrungen und zu Elementarformen gelangt, die neue Wege öffnen. Man darf gespannt sein, wohin das im Bau begriffene Haus Babanek führen wird.
Wir möchten uns bei Harald Lange bedanken für die Korrekturen der Texte und bei Christof Heide, Peter Krebs und Jens Winterhoff für die Zeichnungen zu den Analysen.

**DIE WIEDERKEHR DER ARCHITEKTUR**

Manfred Speidel

# SUCHE

Heinz Bienefeld stammt aus einer Krefelder Handwerkerfamilie; Großvater, Onkel und Vettern waren Maurer, der Vater war Anstreicher, der Großvater mütterlicherseits Seidenweber.
Er wurde am 8. Juli 1926 geboren. 1942 hat er mit 16 Jahren, nach Abschluß der Mittleren Reife, die Schule verlassen. Was er danach tun wollte, wurde ihm spontan klar, als er, mit der Berufsberatung konfrontiert, wie von einem Anderen gesprochen, den Wunsch äußerte: „Architekt".
Chemie, die Stoffe und deren Reaktionen, wäre vielleicht noch eine Alternative gewesen. Er dachte daran, an die Dresdner Akademie zu gehen, jedoch wollte er zunächst ein Baupraktikum machen.
So kam er zu einem Krefelder Bauunternehmer und Liebhaberarchitekt, der hohe Qualitätsansprüche an den Praktikanten stellte. Für den „Jungen vom Lande" wurde aber im Winter die Baustelle zu kalt, der Lehrherr nahm ihn ins Büro und lehrte ihn Zeichnen. Bienefeld fertigte Zeichnungen für Luftschutzkeller an. Sein Lehrherr war weitsichtig genug, ihm zu erlauben, in seiner Bibliothek zu stöbern. Eines Tages entdeckte er in einer Bauzeitschrift aus den 20er Jahren ein Foto, das ihn stark bewegte: Es zeigte einen mystisch wirkenden Raum.
Sternförmig gefaltet verjüngte er sich nach oben, von wo er sein Licht erhielt. Das schien sich mit Mühe nur über die rauh geputzte Wand auszubreiten und verlieh ihr eine theatralisch düstere Stofflichkeit. Es erhellte eine kreisförmige Schale in der Mitte, von der ein ornamentaler Ziegelboden die Faltenschwingungen der Wand weiterführte und zur Ruhe brachte. „Hier umfing einen ein Gefühl für Monumentalität und großartige Materialwirkung." [1]
Es war ein Foto der Taufkapelle in der Kriegergedächtniskirche in Neu-Ulm, die Dominikus Böhm 1924–1927 umgebaut hatte.
1943 fand Bienefeld eine Monographie über Böhm, die sein Leben bestimmte und ihn noch heute begleitet. [2]
Im Juni 1944 mußte Bienefeld Kriegsdienst leisten und gelangte Ende 1945 als Kriegsgefangener nach England. In einem Jugendlager in Cambridge konnten die Gefangenen Kurse zur Weiterbildung belegen.
Bienefeld wählte Architektur. Studenten führten ihn in die Moderne ein und zeigten ihm in London ein gerade 10 Jahre altes Wohnhaus, das Walter Gropius nach seiner Emigration 1936 gebaut hatte. Aber Dominikus Böhm war „für mich der Fixstern, um den ich kreiste", und so schrieb er an ihn und bat um Aufnahme in sein Büro. Bienefeld erhielt eine etwas kühle Antwort: „Wenn Sie zurück sind, melden Sie

Dominikus Böhm.
Taufkapelle Kriegergedächtniskirche,
Neu-Ulm, 1925.

Walter Gropius und Maxwell Frey. Wohnhaus Ben Levy, London, 1936.

sich. Sie können dann die Aufnahmeprüfung an der Kölner Werkschule machen." Böhm war dort seit 1926 Professor.

Nach der Rückkehr aus England, 1948, begab er sich sofort zu Böhm. „Als er meine Arbeiten sah, hat er nichts gesagt. Sicher hat er die Hände über dem Kopf zusammengeschlagen. Sein einziger Kommentar war: 'Arbeiten Sie bis zur Aufnahmeprüfung!'"

Das tat Bienefeld bei einem Krefelder Architekten. Mit zwei anderen Anfängern zusammen mußte er ein fünfstöckiges Wohnhaus planen – eine Katastrophe.

Zwei Monate später bestand er die Aufnahmeprüfung an der Werkschule. Nur drei oder vier Studenten wurden aufgenommen. In Böhms Klasse waren insgesamt 12 Studenten. Ihr Studium fand in seinem Köln-Marienburger Büro statt. Drei Jahre lang zeichnete Bienefeld dort eigene Entwürfe und schloß sein Studium 1951 mit dem Diplom ab.

Für seine Arbeit erhielt er das Zertifikat eines Meisterschülers und, damit verbunden, für zwei Jahre ein Stipendium. Er war der Einzige, der in der Nachkriegszeit als Schüler Böhms diese Auszeichnung erlangte. Da Böhm häufiger krank war, wurde er bald dessen Assistent und betreute die Studenten. Dominikus Böhm nahm seinen Lehrauftrag bis 1953 wahr.

In dieser Zeit entwarf Bienefeld im Büro viele Farbglasfenster. Die großen Glasflächen der Kirche und der Taufkapelle von Maria-Königin in Köln-Marienburg, 1954, stammen von ihm. Heute findet er sie gräßlich. Am Bau selbst hat er lediglich die Backsteinfassade entwickelt. Mit flach-hochstehenden Steinschichten und

Dominikus Böhm. Caritas Kirche, Köln. Entwurf 1928.

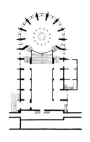

Dominikus Böhm. Frauenfriedenskirche, Frankfurt, 1926. Entwurf, Motto „Auferstehung".

Dominikus Böhm und Heinz Bienefeld. Ansicht und Grundriß, Wettbewerb Kathedrale San Salvador, 1953.

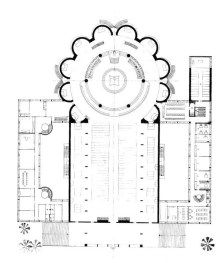

durchgehenden Fugen zeigte er, daß sie nichttragende Verkleidung war.

1953 bearbeitete er den Wettbewerb für die Kathedrale von San Salvador, zu dem Dominikus Böhm eingeladen war. Er entwickelte den Typus des Rundbaus mit Kapellenkranz und hohen Spitztürmen weiter, den Böhm 1927 für die Frauenfriedenskirche in Frankfurt schuf und – gewann den ersten Preis. Der anschließende Bauauftrag führte Bienefeld 1954 für ein halbes Jahr in die USA.

Er verbrachte die Zeit bei dem Mönchsarchitekten Brother C. Baumann in New York, der die Bauausführung für die Kathedrale übernehmen sollte. Der spanischen Kirche hingegen, die das Projekt finanzieren wollte, mißfiel der Entwurf, und sie kündigte den Vertrag mit Böhm.

Bienefeld hätte bei Brother Baumann bleiben können, denn es fehlte an guten Entwerfern. Trotzdem zog es ihn nach Köln zurück.

Er wäre damals auch gerne für einige Zeit zu Le Corbusier gegangen, obgleich Dominikus Böhm diesen immer beargwöhnte. Er erzählte oftmals belustigt, wie er beim Besuch des Corbusier'schen Doppelhauses auf der Weißenhofsiedlung in Stuttgart in dem viel zu schmalen Flur stecken geblieben sei.

Le Corbusier zahlte seinen Mitarbeitern nichts, so daß für Bienefeld, der 1955 geheiratet hatte und eine Familie versorgte, eine Arbeit dort gar nicht in Frage kommen konnte.

Nach dem Tode von Dominikus Böhm im August 1955 blieb Bienefeld noch bis 1958 im Büro und war weiterhin vornehmlich mit kunstgewerblichen Arbeiten beschäftigt. Gottfried Böhm, der nun das Büro leitete, wollte zusammen mit ihm eine Kunstwerkstatt einrichten, erhielt aber keine öffentliche Förderung, so daß das Projekt nicht zustande kam.

Während der einseitigen Arbeit an Glasmalereien widmete sich Heinz Bienefeld zunehmend antiker Baukunst. Zusammen mit Rolf Link, einem gleichgesinnten Mitarbeiter im Büro, sammelte er Material über römische Bauwerke, las Vitruv, suchte nach regelmäßigen Stadtgrundrissen der Antike und der Renaissance, fertigte maßstäbliche Zeichnungen von mittelalterlichen Stadthäusern Deutschlands und italienischen Villen des 16. Jahrhunderts an.

Er, der sich bis dahin als Vertreter der Moderne

verstand, 1955 sein eigenes Wohnhaus mit „fließendem" Raum und mit Stahl-Glas-Details wie Mies van der Rohe entwarf, steckte sich plötzlich das „unmögliche und verrückte Ziel" einer „Wiederbelebung der Baukunst durch die Antike". Die Diskussionen um „ewig gültige Gesetze" der Architektur, die Bienefeld von der Antike an bis in die frühe Neuzeit offenbart sah, brachten die anderen Mitarbeiter des Büros und Gottfried Böhm in Zorn.

Aber die Suche nach einer fruchtbaren Leitidee und einem Anker wird verständlich, wenn man, wie Bienefeld, die vielerlei Architekturvorstellungen, die Mitte der 50er Jahre nebeneinander bestanden, als künstlerische Krise ansah.

Skidmore, Owings and Merill. Lever House, New York, 1952. Entwurf Gordan Bunshaft.

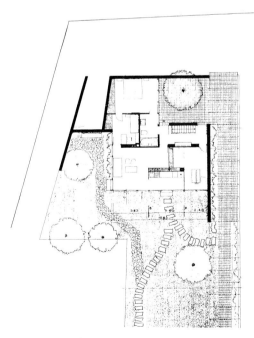

Heinz Bienefeld. Entwurf für eigenes Wohnhaus, in Weiß 1955. Grundriß und Ansicht.

Bienefeld erinnert sich heute, daß in ihm auch 1955 in New York Zweifel an der Gültigkeit der modernen Architektur aufkamen.

Sein Gastgeber, ein Restaurator des State Museums, fragte ihn, welchen Bau er gut finde. Ohne Zögern antwortete er: „Das Lever House von Skidmore, Owings und Merill". Es war erst drei Jahre zuvor fertig geworden und hatte mit seiner gläsernen Vorhangfassade weltweit Aufsehen erregt.

Der Restaurator reagierte auf diese Antwort gekränkt. „Wissen Sie was? Schauen Sie sich mal das Woolworth Gebäude an!" Am letzten Tag in New York, so erzählt Bienefeld, machte er eine Schiffsrundfahrt um Manhattan.

In der Skyline ragte irgendwo der Woolworthbau heraus. 1910–1913 erbaut, sieht er wie die Turmspitze einer gotischen Kathedrale aus, aber keinesfalls wie ein modernes Hochhaus.

C. Gilbert.
Woolworth Building,
New York, 1910–13.

Emil Steffann. Franziskaner Kloster und Kirche, Köln, 1951.

Bienefeld notierte: „Da ist doch was dran. Der Bau hat Kraft und Form". Man kann diese Empfindung nur nachvollziehen, wenn man die Kargheit der Moderne als Leere wahrnimmt.

Daß ein japanisches Wohnhaus aus dem 17. Jahrhundert, das damals im Museum of Modern Art stand, eine beeindruckende Ausstrahlung auf ihn hatte, ist einleuchtend. Es schien mit seiner klaren, naturbelassenen Holzkonstruktion noch andere Wege, als die nur hochtechnischen der Moderne, zu weisen.

Nach dem Ausscheiden aus dem Büro Böhm 1958 war Bienefeld für fast ein Jahr ohne Aufträge.

1959 ging er zu Emil Steffann, der seit 1950 als freier Architekt in Köln Kirchen in einfachen, aber großartig monumentalen Formen baute, deren Bezugspunkt San Francesco in Assisi war. In dem allgemeinen Unbehagen glaubte Bienefeld, daß sich der zeitgenössischen Architektur gegenüber nur im Kirchenbau noch klare, aus der Geschichte heraus entwickelte Raumvorstellungen verwirklichen ließen. „Aber", so sagt er heute, „das war ein großer Irrtum. Die Kirche wollte nur Verschwommenes."

Steffann konnte anfänglich Bienefelds Anliegen wohl nicht verstehen. Johannes Manderscheid, später Mitarbeiter Bienefelds und heute Architekt in Rottenburg am Neckar, der im Büro Steffann als Student arbeitete, erzählt, daß Steffann Bienefeld zunächst für einen Außenseiter gehalten habe, bis er merkte, daß das, was den Anschein von Nörgelei hatte, lediglich dazu diente, den Dingen auf den Grund zu gehen, um das Erkannte dann kompromißlos durchzuführen.

Bienefeld hätte auch bei Rudolf Schwarz, dem anderen großen katholischen Kirchenbauer der Nachkriegszeit arbeiten können. Dessen Bauten waren ihm jedoch zu abstrakt und intellektuell, zu wenig sinnenhaft.

Sankt Fronleichnam in Aachen von 1930, fand er, nach anfänglicher Bewunderung, schreck-

Emil Steffann in Zusammenarbeit mit
Heinz Bienefeld.
Kirche St. Hildegard,
Bad Godesberg-Mehlem,
1962.

lich. „Ein Bau wie der Dom von Modena umfängt einen, ist ein Kosmos. Architekturräume sollen doch letztendlich Spiegelbild der Unendlichkeit sein". Etwas davon spürte er bei Steffann. Eine Mitarbeit war verlockend. Steffann entwarf seine Projekte bis zum Maßstab 1:100, seine Mitarbeiter führten jeweils eigenverantwortlich den Bau durch.

Bienefeld baute einen Teil des Klosters der Karmelitinnen in Essen-Stoppenberg und die Kirche St. Hildegard in Bad Godesberg-Mehlem. Sorgfältige Proportionsstudien und die konsequente Ausführung in traditions- und materialgerechten Bauweisen, wie die Verwendung von Kalkmörtel und bündige Verfugung der Mauern, kennzeichnen seine Arbeiten. 1962 übertrug Steffann ihm die Weiterplanung des Kreuzganges vom Kloster der Karmelitinnen in Köln. Sie schließt sich im Entwurf bruchlos an die Arbeit Steffanns und den Anfangsbau der Ordensleiterin an.

Wiederum zeigte Bienefeld, daß er sich, wie schon beim Entwurf für die Kathedrale von San Salvador, mit der Arbeit seines Lehrers identifizieren konnte, und daß dessen Vorgaben um der Einheitlichkeit des Werkes willen ihm objektive Leitbilder wurden.

Heinz Bienefeld.
Kloster der Karmelitinnen,
Vollendung des Kreuzganges und Wohngebäude,
Köln, 1962.

# DIE LEHRER

„Niemand hat erfunden, was Dominikus Böhm geschaffen hat."

Heinz Bienefeld

Dominikus Böhm. Fenster und Ansicht der Kirche in Frielingsdorf, 1962.

An dieser Stelle ist es angebracht, die Bauwerke von Dominikus Böhm (1880–1955) und Emil Steffann (1899–1968) mit einigen Worten zu charakterisieren.

Dominikus Böhms Arbeiten, ausschließlich für den Katholischen Kirchenbau, die Gestaltung einer neuen Mystik mittels Licht und Dunkelheit und ein Formenvokabular aus dreieckigen, spitzbogigen oder gestaffelten Konstruktions- und Zierformen in den 20er- und 30er Jahren hat die Kunsthistoriker verführt, ihn in der Expressionismus- und Neu-Romantiker-Ecke, klanglos und sauber abgeheftet, verschwinden zu lassen, ohne daß seine eigentliche baumeisterliche Leistung herausgearbeitet worden ist. Zwar wird immer seine neue Interpretation des liturgischen Kirchenraumes hervorgehoben, aber diese ist zeitgebunden und erscheint uns heute eher fremd.

Schaut man sich Böhms Bauten der Zwischenkriegszeit an, ohne nach Stilen zu kategorisieren, so fallen an ihnen einige wichtige und allgemeingültige Merkmale auf, die auch Bienefeld durch sein ganzes Werk hindurch wie geheime Leitlinien begleiten.

Die Bauten schreiben immer klare Figuren und Körper in die Umgebung und an den Himmel. Sie bilden geschlossene Blöcke, aus denen Portal- oder Fensterbogen, in großem Maßstabe, hohlplastisch herausgemeißelt sind, ohne daß die Volumina zerstört werden.

Baute Böhm eine alte Kirche um, wie die neuromanische in Frielingsdorf im Bergischen Land, so modellierte er die schwächlichen, historisierenden Bauteile in eine kraftvoll gedrungene Masse ein. Das mächtige Schiff mit seinem riesigen Schieferdach scheint dort den Turm zu verschlingen und formt mit ihm zusammen einen geschlossenen Baukörper. Diese Kirchen markieren Grenzen, bilden in amorphen Stadtgebieten klare Außenräume und krönen ihre Umgebung.

Im Außenbau der Kirche in Frielingsdorf schließt Böhm die verschiedenen Bauteile mit deutlichen Abschlüssen und Rändern und die vielerlei Fensterfiguren mit einem vollkommen ebenen, prismatischen Körper zur Einheit zusammen.

Durch zwei unterschiedliche Arten von Natursteinen, exakt gehauenen und unregelmäßig geformten, und durch dichte, schmalformatige Backsteinflächen an den Bögen wird der einfache Körper lebendig gegliedert. Der Verdacht, die reiche Oberfläche sei lediglich expressionistisches Dekor, wird sofort aufgehoben, wenn man sieht, wie die unterschiedlichen Stein-

Dominikus Böhm. Siedlungskirche, Mainz-Bischofsheim, 1926.

materialien handwerklich und konstruktiv unbedingt korrekt verwendet werden.

Der Umbau der Kriegergedächtniskirche in Neu-Ulm, 1924–1927, läßt auch römische und vereinfacht gotische Bauformen nebeneinander stehen, die beide in sich und mit dem jeweiligen Steinmaterial konsequent ausgeführt wurden. Der hochkantgesetzte, gemauerte Quader des Eingangsbaus hat drei schmal-hohe, tiefe Spitzbogennischen, die ihn förmlich ausgehöhlt erscheinen lassen. Sie werden von mehrschichtigen, bündig gemauerten Entlastungsbögen wie in der römischen Architektur überspannt. Der Querbau, der den Quader durchdringt, hat ein unregelmäßiges Kalksteinmauerwerk, das mit schmalen Backsteinschichten abwechselt. Er wird an beiden Enden von einem Tympanon abgeschlossen mit einem mächtigen Stufengesims aus vorkragenden Ziegelschichten, das eine antike Bauform in Backstein umsetzt.

Der Wechsel vom Quader und Spitzbogen zum Bild eines römischen Giebels ist völlig überraschend; andererseits ist er als Übergang vom Flach- zum Satteldach und vom Natur- zum Backstein durchaus sinnvoll. Das hohe Backsteingesims mit dem Tympanon hat für den erratischen Block des Querbaus die richtige Ausdehnung, nimmt aber dem gleichdimensionierten, geschliffenen Natursteinabschluß des Eingangsbaus auch nicht dessen Bedeutung.

Die Unbekümmertheit, mit der unterschiedliche „Stile" nebeneinander stehen, akzentuiert durch den Kontrast der Oberflächen, zusammengeführt durch die Abstraktion der geometrischen Formen und durch klare Randbildungen, stellt alle Bemühungen seit den 70er Jahren um einen unvoreingenommeneren Umgang mit der Geschichte in den Schatten.

Böhms Umgang ist frei, aber verbunden mit der unerbittlichen Genauigkeit der baumeisterlichen Durchführung und einem untrüglichen Sinn für Proportion, die alle Teile vom Großen bis zum Kleinsten aufeinander bezieht. Umsomehr erstaunt uns heute der märchenhaft orientalisch wirkende Innenraum in reicher Faltenstruktur aus Rabitz, der Gotik nachempfunden, mit einem zauberhaften Spiel des Lichtes auf den leichten, weißen Oberflächen.

Darf man das? Diese Frage bleibt im Halse stecken. Und man bewundert, wie doch eine kraftvolle Synthese gelungen ist.

Man könnte Böhm in den 20er Jahren den Poelzig des Kirchenbaus nennen mit großen Formen, die monumental sind ohne Hohlheit oder leeres Pathos, aber reich in der Massengliederung und voller Überraschungen.

Dominikus Böhm. Ansicht, Vorhalle, Querbau und Innenraum der Kriegergedächtniskirche, Neu-Ulm, Umbau, 1924–27.

Dominikus Böhm. Circumstandes, Entwurf, 1922.

Man denke nur an die „Blütenform" des Grundrisses der Frauenfriedenskirche oder den elliptischen Zylinderbau des Kirchenentwurfes „Circumstandes". Böhm ist überschwenglich und römisch-reich im Mauerwerk, ohne Einseitigkeit und Kleinlichkeit, in der Bildung der Oberflächen voller sinnenhafter Reize.

Das Ornament ist, wenn es vorkommt, räumlich-plastisch durchgebildet und scheint ihm im Blut zu stecken; es wirkt keineswegs aufgesetzt oder abnehmbar wie dann in seinen Nachkriegsbauten. Böhm hat in Bauten und Entwürfen damit wesentliche Themen der Architektur angesprochen und innerhalb traditionsgebundener Bauformen durchgebildet.

Emil Steffanns Bauten wirken im Vergleich anonym und überzeitlich. Die Gemeinschaftsscheune im lothringischen Bust, 1942, ist für Steffanns Architekturauffassung modellhaft.

Durch Kriegszerstörung entstand in der Dorfmitte eine freie Fläche. Aus Trümmern wurde eine Scheune gebaut, die mit ihrem „aufsteigenden Dach die Dächer der alten Häuserzeile fortsetzt" und die Wand eines Platzes bildet, der durch eine weitere Mauer und niedrigere Bauten geordnet wird.[3] Im Äußeren ist die Scheune lediglich durch das langgezogene Dach, ein großes, asymmetrisch sitzendes Rundbogentor und einen Strebepfeiler an der Ecke aus der Umgebung herausgehoben.

Dies und die Lage im Dorf zusammen mit dem Platz geben dem Bau die Würde, die ihn ohne Weiteres auch zum Fest- und Kirchenraum werden lassen.

Das künstlerische Ziel Steffanns war, in einer gegebenen Situation im Einklang mit vorhandenen Bauten, einen gestaltbildenden Keim zu erkennen und diesen durchzuformen.

Mittels Proportion wird der Bau aus dem Alltäglichen herausgenommen und das Gewöhnliche zum Besonderen, zum Sakralen gemacht.

Emil Steffann. Scheune in Bust, Lothringen, Entwurf, 1942.

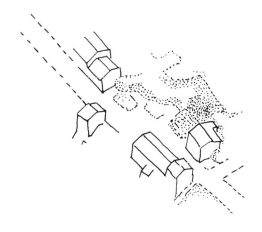 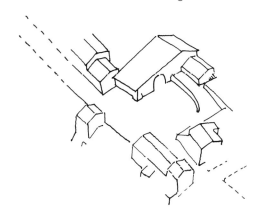

Das haben Steffanns Bauten mit vielen Entwürfen Böhms gemeinsam; nur ist Steffann dabei so zurückhaltend, daß seine Häuser in ihrer Umgebung fast verschwinden, während Böhms Bauten als Charaktere hervortreten. Diese legen, jenseits ihrer wesentlichen Formen, in der Durchbildung die Vorlieben und Einfälle ihres Meisters offen und bringen den Betrachter heute oft genug zum Schmunzeln. Man sieht hinter den Fassaden einen lebenslustigen und im Ärger auch aufbrausenden Menschen. Böhms Umgestaltung alter Bauten zu klaren Formen, sein Umgang mit römischer Antike, die vor allem im Reichtum des Mauerwerks und der Oberflächen erscheint, findet seine Fortsetzung in Bienefelds Werk bis in die Anfänge der 70er Jahre, aber neben Böhms jugendlichem Überschäumen wirkt es ausgeglichen und erwachsen.

Bienefeld sucht nach Objektivität. Dieses Ziel wurde sicherlich durch den zurückhaltenden Charakter Emil Steffanns und dessen Hervorheben übergeordneter Werte bestärkt.

Anonymität ist positiv

Bienefelds Auseinandersetzung mit dem Klassischen in der Architektur führte ihn zunächst weg von Dominikus Böhm und – im Sinne Steffanns – zu einem Begriff von Anonymität, der einer strengen Auffassung von Architektur entsprach und an konkreten Aufgaben der Restaurierung alter Kirchen entwickelt wurde.

Ab 1960 entwarf er zeitweilig für den Siegener Architekten Hans Lob. Bei der umfangreichen Restaurierung der frühgotischen, im Barock verbauten Kirche in Erpel am Rhein, die Hans Lob und sein damaliger Mitarbeiter Johannes Manderscheid durchführten, wurde nach Bienefelds Plänen rigoros die räumliche Qualität der mittelalterlichen Basilika wiederhergestellt. Dabei ging es nicht, und geht es auch heute nicht, um eine historisierende Wiederherstellung, sondern um die Herausarbeitung eines als großartig angesehenen architektonischen Kernes, der einmal vorhanden war, dessen Erscheinung aber eigentlich unwiederholbar ist.

Um eine größere Anzahl Besucherplätze zu gewinnen, ohne den Raum vergrößern und den historischen Chor abreißen zu müssen, wurden die Seitenschiffemporen wiederhergestellt und eine Vorhalle, heute Werktagskapelle, neu angebaut.

Obergaden- und Seitenschiff-Fenster wurden auf romanisches Format gebracht, die Orgelempore wurde in der Tiefe auf die Hälfte reduziert, so daß der Raum in seinem schönen Rhythmus wieder zur Wirkung kam. Der Eingangsvorbau

Hans Lob unter Mitwirkung von Heinz Bienefeld. Kirche und Sakristei, Erpel am Rhein, um 1960.

Heinz Bienefeld. Fenster der Friedhofskapelle Frielingsdorf, 1970.

Heinz Bienefeld.
Restaurierung Pfarrkirche
St. Laurentius, Wuppertal-
Elberfeld, 1963.
Blick in das Gewölbe mit
neuem, klassizistischem
Gesims.

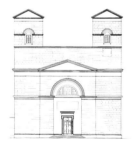

Pfarrkirche St. Laurentius,
Fassade.

und die abgesetzte Sakristei als eigenständiges, kleines Haus in demselben, bündig verfugten Natursteinmauerwerk wie die Kirche, bilden mit ihren klaren, im Maßstab sich unterordnenden Baukörpern eindeutige und schöne Außenräume um die Kirche.

Für die Restaurierung wurde nicht eine zweifelhafte, erdachte Rekonstruktion gezeichnet, sondern, wenn ergänzt werden mußte, eine Neutralität beibehalten, die auch die Erfindung neuer Formen ausschließt.

Bienefeld war nicht darauf aus, etwas „Eigenes" zu produzieren. Er fand es immer – und findet es noch heute – legitim, lieber ein, aus seiner Sicht, wertvolles Bauwerk zu vervollständigen, als es durch neue und persönliche Formen zu zerstückeln. Man könnte darin Ängstlichkeit vermuten, aber es ist Unterordnung im Umgang mit Bauten, deren Schönheit er erkannt hat.

Der erste große Auftrag, 1963, die Restaurierung der Pfarrkirche St. Laurentius in Wuppertal-Elberfeld wurde unter derselben Maxime durchgeführt.

Die klassizistische Kirche, von 1828 bis 1835 nach den Plänen des Schinkel-Schülers Adolf von Vagedes erbaut, war im Krieg ausgebrannt und ab 1945 unbefriedigend wieder aufgebaut worden. Daß dabei die Neu-Renaissance Dekorationen der dreischiffig gewölbten Hallenkirche vom ausgehenden 19. Jahrhundert nicht mehr aufgesetzt wurden, war sicherlich gut.

Aber im übrigen ergab die erste Restaurierung den Eindruck eines holzigen „Neo-Nazi-Stiles", so beschreibt es Heinz Bienefeld. Um dem Vagedes-Entwurf wieder näher zu kommen, entwarf er für die Kämpfer der Pfeiler und die oberen Wandabschlüsse ein dem früheren Bau ähnliches, klassisches Gesims mit Zahnschnitt und Rosettenfries.

Das große Rundbogenfenster über dem Portal erhielt wieder die klassizistische Dreiteilung durch Pfeiler. Den Bau eines gleichen Fensters hinter dem Hauptaltar konnte er nicht durchsetzen, ebensowenig wie einen klassizistischen Hochaltar, den er entwarf. Aus einem alten Foto war zu ersehen, daß die Orgelempore, die über der Eingangshalle sitzt, zum Schiff hin von zwei dorischen Säulen getragen wurde.

Die Konstruktion dieser Empore mit antikischer Kassettendecke, zwei Säulen, mächtigen Konsolen, Brüstung und eingesetztem Rückpositiv der Orgel wurde zu Bienefelds Gesellenstück einer klassischen Architektur.

Dem Besucher mag überhaupt nichts Besonderes auffallen. In der klassizistischen Kirche wirken die klassischen Bauformen selbstver-

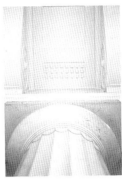

Pfarrkirche St. Laurentius, Empore und Dorische Säule in Stuckmarmor.

ständlich und dem Stil zugehörig. Zusammen mit dem Schachbrettmuster des Marmorfußbodens deuten sie einen strengen Klassizismus an, der nur durch die neueren, aufwendigen und brutal zwischen die Säulen gesetzten Eisengitter gestört wird.

„Lieber ganz exakt; als eine moderne Vereinfachung"; unter diesem Motto konstruierte Heinz Bienefeld gemeinsam mit Johannes Manderscheid, der inzwischen sein Mitarbeiter war, die zwei dorischen Säulen nach dem Vorbild des Parthenon. Diese Stuckarbeit gelang so perfekt, daß Fachleute sie für original klassizistisch hielten.

Die nicht zur Dorik gehörenden, aus dem Korinthischen abgeleiteten Volutenkonsolen machten in Form und Proportion außerordentliche Mühe. Bienefeld hat sie erst vor Ort genau festgelegt, nachdem zahllose Zeichnungen ihn unbefriedigt ließen. Kann man auch nicht von einem Bruch sprechen, so überrascht doch die Begegnung mit einer dorischen Säule von ungeheurer Genauigkeit, aus edel wirkendem Material, einem polierten Stuckmarmor, in einem sonst einfachen Bau, so als wäre sie eine Spolie.

Kassettendecke und Brüstungskonsolen bauen darüber einen proportionalen Zusammenhang auf, und die Konsolen bilden ein kraftvolles Trennungsglied zwischen der antiken Replik und der Orgel als dem Zweck der Empore, zwei unterschiedliche Formenbereiche, die sich eigentlich stören.

Andererseits bildet die Empore als Ganzes durch das seitliche Übergreifen und das Vor-

Theodor Fischer. Evangelische Kirche, Gaggstadt, 1901–05.

kragen des Brüstungssockels mit den beiden Säulen zusammen einen anmutigen und selbständigen, in sich abgeschlossenen Figurenkörper in dem großen Joch.

Das schließt an die Ästhetik des Klassizismus an und bereitet die späteren Bauformen vor: die dreiteiligen Gliederungen der Öffnungen in den Wandflächen, die neuen Metallelemente in einer alten oder traditionell gefertigten Backsteinmauer; ja, die fremden griechischen Säulen sind in ihrer Frische und Präzision und ihrer eigenständigen Figurenbildung den späteren, aufgelösten, „modernen" Baugliedern absolut ebenbürtig.

Diese Antiken-Konstruktion blieb jedoch einmalig. Bienefeld meint heute: Weder können Handwerker die strenge Antike herstellen, noch kann der Architekt sie einfach „entwerfen", ohne steril zu wirken, „weil man nicht das Variationsvermögen der Alten hat". Andererseits ist es „Teil meines Könnens, daß ich machen kann, was ich will. Ich konnte für die Krankenhauskirche in Hohenlind von Dominikus Böhm einige neue Glasfenster so entwerfen, daß niemand sie von den alten unterscheiden konnte. Ich könnte auch eine Kirche von Steffann oder von Le Corbusier bauen. Gesetzmäßigkeiten an vorhandenen Bauten herauszufinden und mich vollkommen in sie einzufühlen, ist Teil meines Charakters."

Bienefeld setzt damit Architekturvorstellungen jenseits der Stildiskussionen fort, die wir bei Baumeistern nach der Jahrhundertwende finden, die nach Neuem suchten, aber nicht die „Revolution" des Jugendstil und später der „Moderne" mitgemacht haben.

So ist Theodor Fischers Kirche in dem kleinen Ort Gaggstadt, 1905, das verblüffende Beispiel für eine sich in das vorhandene Dorfbild inte-

grierende Architektur, die doch nicht ihre Motive dort hernimmt.

Die Stützmauer der Kirche mit dem Erkerbau für den Eingang, über dem sich das Schiff erhebt, sieht so aus, als wäre sie zuerst dagewesen, und das Dorf hätte sich darum gebildet und nicht umgekehrt.

Als Fritz Schumacher 1914 ein klassizistisches Bürgerhaus aus der Zeit um die Mitte des 19. Jahrhunderts in Hamburg erwarb, setzte „er einen durchgehenden Balkon (davor), der von vier kräftigen dorischen Säulen getragen wird." Das wurde als „Visitenkarte seines Hauses" interpretiert, die „seine klassische humanistische Bildung dokumentiert".[4] Aber das Erstaunliche für mich ist, daß – ganz wie bei der Elberfelder Laurentiuskirche Bienefelds – der

handenes Kunstwerk, die Einfühlung in die Arbeitsweise eines Meisters und die Exaktheit beim Replizieren antiker Bauformen bei gleichzeitiger Suche nach den Variationsmöglichkeiten klassischer Architektur, ohne ihre Ordnungen zu verletzen, das sind Konzeptionen, welche viel enger gefaßt erscheinen als die baumeisterliche Praxis der Lehrer Bienefelds, Dominikus Böhm und Emil Steffann.

Fritz Schumacher. Eigenes Wohnhaus, Hamburg, 1914. Umbau.

klassizistische Balkon aussieht, als wäre er „echt" und mit dem Bau aus dem späten Klassizismus zusammen entworfen worden.

Betrachtet man den Bau genauer, dann geben die Säulen der gleichförmigen Fassade nicht nur eine Bereicherung, das Erdgeschoß und der Keller werden dadurch auch optisch zu einem Element zusammengefaßt und die Proportionen der Fassade eindeutiger und nobler, oben nahezu ein Quadrat und unten ein liegendes Rechteck im Verhältnis 3:5.

Bei Schumacher erscheint das Klassische nicht als Applikation, wie bei vielen seiner Zeitgenossen, sondern als Lebenselexier, das eine Sehnsucht nach der Wiederentdeckung alter Gesetzmäßigkeiten erfüllt.

Anonymität und Unterordnung unter ein vor-

# KLASSIK

Nach dem Entwurf der dorischen Säulen in der Kirche St. Laurentius in Wuppertal-Elberfeld und nach der Erfahrung, daß ihre Verwirklichung eine unerhörte geistige und baumeisterlich-handwerkliche Anstrengung gekostet hat, damit „nicht nur ein Spiel mit den Formen" entstehe, stellte Heinz Bienefeld sich die Aufgabe, die Prinzipien des Klassischen zu ergründen und sie für sich als eine Methode zu formulieren, aus der neue Architekturformen entwickelt werden können.

1966 entstanden Vorentwürfe für das Wohnhaus Wilhelm Nagel in Wesseling-Keldenich. Neben einer palladioartigen „Villa Rotonda" wurde ein symmetrisches Peristyl-Atriumhaus in Skizzen näher ausgeführt und stilistisch korrekte, klassische Bauformen wie Säulenstellungen, Gesimse und Friese in die Konturen eingezeichnet. Am gebauten Haus, das sehr kompakt wurde und wieder einer palladianischen Villa ähnelt, findet man von den klassischen Bauformen nur noch Andeutungen.

Im sichtbar gelassenen Backsteinmauerwerk sind sie durch Wechsel des Steinverbandes, durch Vorsprünge und Kanten in ästhetische Funktionen von Randbildungen und Schattenlinien umgewandelt worden.

1986, in Gesprächen, erläuterte Bienefeld sein Verständnis von Klassik.[5]

Klassische Stilelemente, die aus Säulenordnungen abgeleitet und diesen zugeordnet sind, wurden damals „während der Arbeit (am Haus Nagel) unglaubwürdig. Bei Bauten mit klassizistischem Aussehen müssen die einzelnen Teile viel weitergehender dargestellt werden. Man müßte sie mit allen Konsequenzen vollziehen." Ein klassizistisches Repertoire ist heute nicht mehr glaubwürdig; „nicht im Sinne einer Ideologie, sondern im Sinne des Handwerklichen, des künstlerisch Möglichen schließen sich heute klassische Lösungen aus." Ein „Klassizismus ersetzte die klassischen Architekturelemente durch Gips. Damit ist die Wahrheit und Logik des tektonischen Aufbaus, der Zusammenklang der Teile weg. Übrig bleibt nur noch ein Spiel mit Formen.

Ich lege Wert auf das Beginnen und Enden einer Architekturform und versuche, nichts dem Zufall zu überlassen.

Eine Mauer ist zunächst einmal eine Fläche, sie hat einen Anfang und ein Ende, Öffnungen, vielleicht rechts, links, oben, unten – das wären die Grundprobleme.

Aufgabe ist nun, daß die Öffnungen stimmen, daß die Ränder klar begrenzt sind, daß die Verhältnisse der Flächen zueinander stehen, daß sie Gestalt hat. Das sind die Grundprobleme der Architektur.

Ein Pfeiler besteht aus drei Teilen: aus Basis, Schaft und Kapitell; das Dach aus Traufe und First. Jedes Architekturelement hat einen

Heinz Bienefeld.
Haus Wilhelm Nagel,
Wesseling-Keldenich,
1966. Ansicht und Schnitt
durch das Atrium.

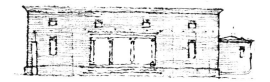
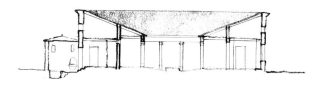

Anfang und ein sichtbares Ende, jedenfalls nach klassischer Vorstellung.

Um eine Grenze zwischen Bauformen glaubwürdig werden zu lassen, braucht es ungeheure Zeit. Daß schließlich in technischer und künstlerischer Hinsicht jede kleine Begrenzung die richtige Entfernung hat, die richtige Proportion an der richtigen Stelle sitzt – das meine ich mit glaubwürdig.

Wenn man ein Detail entwirft, muß jeder Punkt, an dem Lasten und Tragen aufeinandertrifft – Ecken, Türen, Wand, Fenster, usw. –, jede Bewegungsrichtung, Beginn und Ende in einem bestimmten Verhältnis, einer bestimmten Dimensionierung ausgebildet werden. Das macht die künstlerische Arbeit aus.

Vielleicht kann man das an einem Satz aus der Baufibel für den kleinen Mann und den Bauunternehmer aus dem letzten Jahrhundert fest machen: 'Die Bauformen haben den Zweck: den Beginn, die Wirkung und das Enden der Bauteile und damit den Zusammenhang derselben untereinander in einer jedem Gebildeten verständlichen Weise auszudrücken.'" [6]

Die Gestaltungsprinzipien, die Bienefeld angesprochen hat, möchte ich mit einigen Begriffen ergänzen. Alexander Tzonis und Liane Lefaivre haben sie in ihrem Buch „Das Klassische in der Architektur" [7] ausführlich dargelegt. Sie stellen die formale Gebundenheit der antiken Architektur in den Mittelpunkt und nicht Stilbegriffe und deren Regeln. Das gibt die Möglichkeit einer weiterführenden Betrachtung und geht mit Bienefelds Verständnis einher.

Ein erstes Kennzeichen klassischer Architektur ist eine durchgängige Dreigliederung, die Tzonis und Lefaivre mit einem Begriff der Metrik als „Dreihebigkeit" bezeichnen.

„Das Schema der Dreihebigkeit hebt den Unterschied zwischen der inneren und der äußeren Welt eines Werkes hervor. Dieses Schema gliedert das Gebäude in drei Teile, zwei Randelemente und ein geschlossenes Mittelteil." Die Dreihebigkeit erstreckt sich auf alle Teile, auch auf die der Säulenordnungen und ihre Untergliederungen und bildet eine durchgängige Struktur: Von der großen Gliederung in Gebälk, Säule und Postament, über die Säule mit Kapitell, Schaft und Basis, den Details wie Gebälk mit Architrav, Fries, Gesims, bis hin zu den kleinsten Elementen wie der Gliederung des Architravs in drei Teile, die durch Randglieder Kyma und Perlstab getrennt sind.

Was wir normalerweise unter klassischer Architektur verstehen, sind die Säulenordnungen

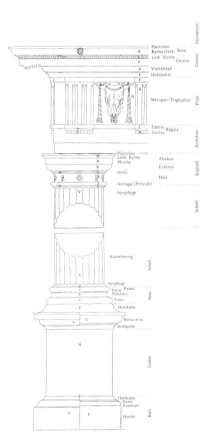

Palladio. Dorische Säule mit Gebälk. 1570.

Haus Holtermann, Senden, 1988. Sandsteinpfeiler im Atrium.

oder Genera. Mit festgelegtem, plastischem Schmuck und bestimmten Proportionen sind sie als dorisch, ionisch, korinthisch usw. zu erkennen.

Hinter diesen Regeln steht aber ein weitergefaßtes Ziel. Wie in der Musik eine Komposition in einer bestimmten Tonart festgelegt wird, so soll durch Modul und Proportion jedes Teil, jede Kante und jede Form durchgängig aufeinander bezogen und gestimmt sein. Vitruv, dem wir die Regeln verdanken, und der sie um 30 v.Chr. in einer Zeit niederschrieb, in der offenbar das Gefühl dafür oder das Wissen davon verloren zu gehen drohte, erhoffte damit eine Kohärenz oder gar eine Widerspruchsfreiheit innerhalb der architektonischen Komposition zu erhalten.

War es Furcht vor Anarchie und vor willkürlichen Übertragungen, wenn zusätzlich der göttliche oder der genialisch menschliche Ursprung der Genera in mythischen Erzählungen festgehalten und so sehr in den Mittelpunkt gestellt wurde?

Erst seit dem 18. Jahrhundert weiß man durch genaue Vermessungen, daß jeder antike Bau seine eigenen Proportionsnormen hat, daß jede Säulenordnung innerhalb bestimmter Spielräume ihren Charakter erhält. Offensichtlich gab es Möglichkeiten der Modulation, auch des Wechsels von einer in eine andere Ordnung.

Diese Tatsache kommt Bienefelds Vorstellungen von klassischer Architektur entgegen. Er ist überzeugt, daß es Regeln gab, aber auch, daß es Möglichkeiten der Modulation innerhalb der Regeln und mit den Regeln gegeben haben muß, selbst, wenn wir sie nicht mehr kennen.

Es ist daher für ihn nicht mehr möglich, einen noch so schönen Bau wie den Parthenon für ein Regelwerk herauszunehmen und nachzuahmen.

Er möchte den hypothetischen Regeln lediglich

näherkommen. Wenn man die Säulenordnungen verläßt, wie Bienefeld es beim Entwurf zum Haus Wilhelm Nagel tat, hat auch das Prinzip der Widerspruchsfreiheit keine Grundlage mehr.

Bienefeld findet ein neues in dem konstruktiven, für das Auge „logisch" dargestellten Zusammenhang der Tragen- und Lastenfunktionen aller Bauteile. Er bezieht sich dabei auf den wichtigsten Theoretiker des Klassizismus, Friedrich Schinkel, der um 1825 in den Skizzen zu einem architektonischen Lehrbuch schrieb: Nachdem es möglich ist, „die Überbleibsel einer alten Beziehung harmonischer Entwicklung anerkannter Vorzeit (Griechenlands) aufzusuchen und einen Anhalts- oder Anfangspunkt wieder zu finden, an welchen ein consequentes Kunstleben anzuknüpfen ist...", gilt es die „vernunftgemäße Anwendung auf die Aufgaben dieser Zeit" zu finden. „Um das Bauwerk schön zu machen, ist die Annahme folgenden Grundsatzes unerläßlich: Von der Konstruktion des Bauwerkes muß alles Wesentliche sichtbar bleiben. ... Durch die Characteristik der sichtbaren Konstruktionsteile erhält das Bauwerk etwas lebendiges, die Teile handeln zweckmäßig gegeneinander, unterstützen sich und wenn man ihnen ansieht, daß jeder seine Schuldigkeit tut, so entsteht eine befriedigende Empfindung, die den Begriff der Ruhe, der Festigkeit, der Sicherheit mit sich bringt..."[8]

Neben die klare Begrenzung der Ränder in der Dreigliedrigkeit und der Logik des Tragwerkes für das Auge tritt ein weiteres Prinzip klassischer Architektur: die Gliederung der Baukörper durch die regelmäßige Anordnung ihrer Teile, die man Taxis nennt.

Die Taxis wird mit einem Raster erzeugt, das tragende und gliedernde Teile wie Säulen oder Pfeiler und die Zwischenräume in ein bestimmtes, aufeinander beziehbares Wechselverhältnis bringt. Verallgemeinert ist es die rhythmische Anordnung von Wandflächen und Öffnungen.

Bienefeld drückt das so aus: die Gliederung der Wände muß so sein, „daß die Öffnungen stimmen, ...daß die Verhältnisse der Flächen zueinander stehen, daß (die Wand) Gestalt hat." Die Entwicklung von einer regelmäßigen Komposition für das Haus Wilhelm Nagel (1968) hin zu dem reichhaltigen Bild, in dem ein Mauerkörper mit Fenstern und zierlichen Arkaden aus Stahlstützen in Kontrast gesetzt sind, bei Haus Bähre (1989) und Haus Babanek (1990), und regelmäßige Anordnungen sich mit unregelmäßigen überlagern, steckt die Strecke ab, auf der Bienefeld unentwegt nach einer modulationsfähigen Ordnung sucht.

Auf ein weiteres Merkmal weisen Tzonis und Lefaivre hin, nämlich die Abgeschlossenheit der klassischen Architektur.

Die Vorstellung vom Bauwerk als einer in sich und durch ihre formale Durchbildung auch von der Umgebung abgeschlossenen Welt, ist vielleicht die säkularisierte und ästhetisierte Form des alten heiligen Bezirkes, des griechischen „Temenos".

Eigenschaften wie die „Ganzheit eines Gebäudes als einer von Widersprüchen freien Welt" und „die Heraushebung des Bauwerkes aus dem Normalen", die die Autoren dem Klassischen zuschreiben, sind auch Merkmale des Temenos. Haben nicht ausnahmslos alle Bauten Bienefelds trotz ihrer Einfügung in einen städtischen Raum geradezu provokativ diesen Charakter?

Abgrenzung eines heiligen Ortes im Bezirk des Ise Schreins, Japan.

Dreigliedrigkeit, Ehrlichkeit, Regelmäßigkeit und Abgeschlossenheit sind einige Wesenselemente des Klassischen, die Bienefeld entwickelt und verwirklicht hat, aber es sind vier weitere Themen, mit denen er sie zu Architektur werden ließ: Raum, Bauformen, Proportion und Materialwirkung.

# ARCHITEKTUR

## Raum

Atrium Haus Holtermann, Senden, 1988.

„Das eigentliche Ziel der Baukunst ist das, Räume zu schaffen." So beginnt der erste Band der „Sechs Bücher vom Bauen" von Friedrich Ostendorf, 1913.[9] „... Entwerfen heißt: die einfachste Erscheinungsform für ein Bauprogramm finden, wobei 'einfach' natürlich mit bezug auf den Organismus und nicht etwa mit bezug auf das Kleid zu verstehen ist!"[10]

Sackur, der Herausgeber der dritten Auflage dieses Buches, ergänzt in seinem Vorwort diesen Standpunkt mit der Frage: „Wie entwirft der Architekt ein Raumgebilde und wie muß ein Raumgebilde beschaffen sein, um dem Beschauer zur räumlichen Anschauung zu kommen?"[11] „Einfacher Organismus" und „räumliche Anschauung" als wichtige Ziele der Architektur – und nicht etwa die Aufgabe, bestimmten Zwecken der Bequemlichkeit oder der Effektivität zu dienen – hat sich Heinz Bienefeld völlig zu eigen gemacht, und er weist dabei immer wieder auf Ostendorfs Schriften hin. Ostendorf nennt die Verwirklichung des Raumgedankens „eine mit Baumaterialien zur körperlichen Erscheinung gebrachte künstlerische Idee"[12].

Bienefeld gebraucht dafür den Begriff „ordnender Raum" oder „Raumordnung".

Er bildet einen höheren Zweck für das kultivierte Menschsein. Für Ostendorf stellt die Architektur des Barock den Höhepunkt der Raumkunst dar. Es gibt für ihn ein wichtiges Raummodell, das höfische Vestibülhaus des französischen 18. Jahrhunderts mit dem zentralen Raumpaar Vestibül und Salon. Bienefeld findet klare und noch heute gültige Raumordnungen jedoch viel eher bei den Römern im Atriumhaus, in Palladios Saal-Häusern, aber auch in den anonymen Flur- und Dielenhäusern der mittelalterlichen Städte und Dörfer Mitteleuropas und durchaus noch in den vornehmen Häusern des Berliner Klassizismus.

Für moderne Wohnhäuser können diese Raummodelle jedoch kaum mit einer bestimmten Lebensform verbundene Ordnungen sein.

Bienefeld sieht in ihnen allgemeine Modelle, die gerade wegen ihrer historischen Distanz von gesellschaftlichen Zwängen oder bestimmten Lebens- und Arbeitsformen frei sind, aber doch Formen des Zusammenlebens in gewisser Weise strukturieren. Sie sind mehr als nur künstlerische Hüllen für einen bürgerlichen, gehobenen Lebensstil.

Eine kurze Charakterisierung dieser historischen Raumtypen mag uns ihre Unterschiede vor Augen halten und helfen, Bienefelds Ansatz nachzuvollziehen.

„Kunst als Qualität ist keine ästhetische Abstraktion, sondern die notwendige unentbehrliche Schaffung von Formen für das anständige Zusammenleben der Menschen. Je reiner und je direkter, freier von offiziellen Illusionen, umso höher die Qualität."

Bruno Taut. Japanisches Tagebuch. 6.7.1934

Das römische Atriumhaus stellt die Raumgemeinschaft einer autonomen, nach außen hin sich abschließenden Familie dar, die einen eigenen Herrschaftsbereich kontrolliert. Das Atrium ist der offene Platz des häuslichen Gemeinschaftslebens, wie der Marktplatz der Ort öffentlichen Treibens in der antiken Stadt ist.

Das palladianische Saalhaus und das Vestibülerhöht und eng mit ihr verwoben ist. Die im einzelnen genau differenzierten weiteren Räume, aber auch die privaten Schlafzimmer, beziehen sich auf den Salon. Er ist ihr Fokus.[13)]

Das spätmittelalterliche Dielenhaus des Kaufmanns, des Handwerkers oder des Bauern hat im Zentrum den großen Arbeits- und Lebensraum der Diele, und es kann je nach Größe und

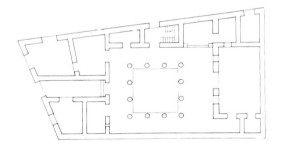

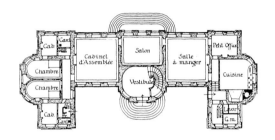

1. Römisches Atriumhaus. Zeichnung Heinz Bienefeld.

2. Französisches Palais: aus Friederich Ostendorf. Haus und Garten, Berlin 1919.

schlößchen des französischen 18. Jahrhunderts bilden Raumfolgen als Hierarchien aus. Das palladianische Haus hat Vorhalle oder Loggia, Vorraum und Saal, die von nicht weiter spezifizierten, mittelgroßen und kleinen Räumen umgeben sind. Der Saal trennt diese Räume voneinander. Er ist Festsaal und erhält im Alltag die Funktion einer großen Diele.

Das französische Palais dagegen zeigt die Raumform für eine differenzierte und systematisierte Gesellschaft. Das Raumpaar Vestibül und Salon drückt räumlich die wichtige und genau regulierte Beziehung des Warte- und Empfangsraumes zum Festsaal aus. Das Vestibül baut in Größe und Ausstattung architektonisch die Szenerie des Salons mit auf, so wie die zur Herrschaft gehörende Dienerschaft diese

Ausbildung das Bild des römischen Atriums wie auch des palladianischen Saales in sich aufnehmen.

Das Flurhaus bestimmt ein anderes Lebensmodell. Der Flur, sobald er eng ist und nicht mehr Diele sein kann, grenzt die übrigen Raumgruppen voneinander ab. Das tut der palladianische

3. Dielen- und Flurhaus. Zeichnung Heinz Bienefeld.

Saal oder die Diele zwar auch, aber der Flur hat keine Wohn- oder Festraumfunktionen mehr und gewährt den durch ihn getrennten Räumen eine Abgeschiedenheit und eine Intimität, die bei den anderen Raumordnungen nicht so sehr hervortritt. Ein wesentliches Charakteristikum dieser Modelle ist es, daß der ordnende Raum oder die Raumfolge das Haus durchdringt, von einer Seite zur anderen hin durchgeht. Dabei ist das französische Palais das am weitestgehenden festgelegte Raumgefüge und so sehr auf die ritualisierten Formen der Empfänge spezialisiert, daß es heute nicht so vielseitig anwendbar ist, wie die anderen.

Das Palais hat nicht, was die anderen haben, den neutralen, nicht auf einen speziellen Zweck hin entworfenen, den überflüssigen Raum, der gleichzeitig das komplexe Hausgefüge ordnet: das Atrium, die Diele, der Flur. Beim palladianischen Saal ist das auf den ersten Blick vielleicht nicht so eindeutig. Aber die übrigen Räume liegen so um ihn gruppiert, daß sie auch ohne ihn untereinander verbunden sind.

Das Doppelgesicht von Überfluß und Ordnung gibt diesen Raummodellen auf der Ebene des Zusammenlebens das Spannungsverhältnis zwischen Freiheit und Ordnung.

Wenn Bienefeld bei seinen Wohnhäusern alle nur erdenklichen Kombinationen über diese Grundthemen des Raumes durchspielt, so ist ein Ziel, eben dieses Verhältnis von Freiheit und Ordnung auszuloten.

Wir können das an vier Entwürfen zum Haus Nagel exemplarisch nachvollziehen.

Das Verhältnis von Freiheit und Ordnung ist sicherlich nicht meßbar. Das Gefühl der Freiheit entsteht jedoch wohl aus bestimmten Raumkonstellationen und Raumproportionen. Ich möchte vier Kriterien anführen.

1. Ausgedehntheit des neutralen, ordnenden Raumes.

In den Entwürfen 1, 2 und 3 dominiert der neutrale Raum. In 1 geht er wie ein Spalt durch den gesamten Bau hindurch, in 2 gibt ein Säulenhof, der von einer Ecke aus betreten wird, dem sonst kompakten Raumgebilde Luft, in 3 nimmt die Folge Hof – Diele – Atrium den größeren Teil der umbauten Fläche ein, an die sich die bewohnten Räume bescheiden anschließen. Im ausgeführten Entwurf 4 geben die schmale Diele und die Gartenterrasse nur durch ihr Querformat ein Gefühl der Ausdehnung.

2. Vieldeutigkeit eines Raumes.

Vieldeutigkeit entsteht in der Möglichkeit, einen Durchgangsraum auch als Wohnraum zu benutzen, bzw. einen Wohnraum als Durchgangsraum. Einen vieldeutigen Raum enthält der Entwurf 1. Der runde Saal kann Wohnhalle, aber er kann wegen seiner vier Zugänge auch lediglich zentrale Diele und Festraum sein.

3. Neutralität der Räume.

In der Funktion austauschbar können Räume sein, die in Form und Größe gleich sind. In 1 sind prinzipiell alle Räume neutral; in 3 ist kein Raum, ausgenommen der Rundbau des Bades und der Wohnraum zum Garten hin, funktional durch Form oder Größe festgelegt.

Lediglich die Nähe zu Bad oder Wohnraum kann einen Schlaf- oder Eßraum vorstellbar machen. In 4 sind die vier Eckräume gleich groß.

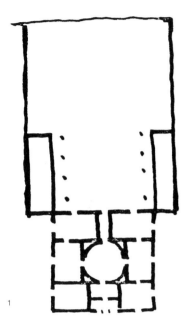
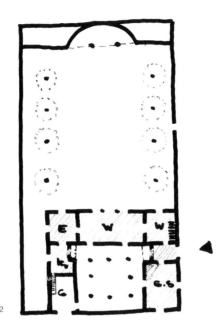
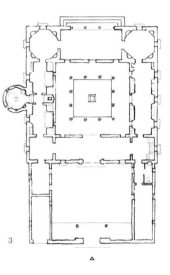

Haus Wilhelm Nagel.
Wesseling-Keldenich,
Entwürfe, 1966.

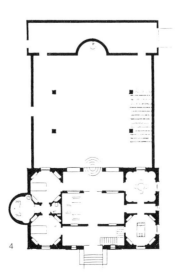

Andrea Palladio.
Villa Cornaro, 1551-1554.
Ansicht und Saal.

## 4. Polaritäten.

Wo Polarität entsteht, kommt trotz strenger Ordnung ein Gefühl von Freiheit auf. Wenn eine Raumfolge nach zwei Richtungen hin orientiert ist, zum Beispiel nach innen auf einen Hof und nach außen auf einen Garten, entsteht das Gefühl einer Polarität. Das ist in den Entwürfen 2 und 3 für den Wohnraum der Fall.

Polarität herrscht auch bei ungleicher Raumfolge in der Längs- und in der Querachse. Das gilt für alle Entwürfe Bienefelds. Die unterschiedlichen Auswirkungen dieser vier Konstellationen hatte Bienefeld immer im Auge, wenn er in der Zeit zwischen Haus Nagel und Haus Heinze-Manke, also zwischen 1968 und 1984, und noch mit den Häusern Holtermann und Kühnen bis 1988, Raumordnungen mit Atrium, Diele oder Längsflur in unterschiedlichen, immer neuen Verbindungen entwarf. Sie bilden in den Hauskörper eingeschnittene Raumfiguren, die zumindest an einer Stelle die gesamte Ausdehnung des gebauten Raumes zeigen.

Drei gedankliche Schritte der Raumbildung werden im folgenden mit analytischen Skizzen an Beispielen gezeigt.[14]

Es wird jeweils zunächst die ordnende, die „Luft" gebende Raumfigur herausgezeichnet; darunter ihre Stellung im Gesamtgefüge der Baugruppe.

Man sieht dann deutlich, wie der ordnende Raum die übrigen, unseren Lebensbedürfnissen entsprechenden, speziellen Räume trennt, sozusagen auseinanderhält, oder, wie man auch sagen könnte, „Privatheit" gibt.

Um sie in der Vorstellung wieder zusammenzufügen, werden im 3. Schritt Tür- und Fensteröffnungen zu Achsen hintereinandergelegt, und damit optisch eine Beziehung der Räume zueinander hergestellt.

Der Vergleich mit der Analyse der Villa Cornaro von Palladio zeigt, wieviel Bienefelds Vorstellungen vom ordnenden und befreienden, zentralen Raum und seinen Variationen mit der Methode Palladios gemeinsam hat, der ja ebenso alle Raumfiguren, die er in der Antike entdeckt hatte, systematisch in den Villen verwirklichte.

1. Die räumliche Mitte des Hauses bildet eine quadratische Halle. Das Vorbild ist ein römischer Vier-Säulen-Saal. Mit einer schmalen Vorhalle zur Eingangsseite, einer Loggia und offenen Kolonnade zur Gartenseite bildet er eine Raumfolge.

2. Als Teil des Hauskörpers wird diese Raumfolge zum ordnenden Raum, zu einer in sich abgeschlossenen Welt. Wie ein kompliziertes Schlüsselloch durchdringt die Raumfolge den quadratischen Baukörper symmetrisch in einer Richtung. Die beiden Seitenflügel, die an den Hauptbau angesetzt sind, bestimmen einen vielgliedrigen Außenraum.

Es entsteht eine Spannung zwischen dem quergelagerten Baukörper, der den Garten dem Blick entzieht, und der durchgehenden, längsgerichteten Raumachse, die dem Besucher den Garten als eine Überraschung nach dem Durchschreiten darbietet.

3. Die Gruppen der größeren, mittleren und kleinen Räume sind von der Haupt-Raumfolge aus an drei Stellen zugleich zugänglich: in der Mitte des Saales, in der Loggia und am Vorraum für die Obergeschosse.

Quer zur Längsachse sind die voneinander getrennten Räume durch gegenüberliegende Türen und hintereinander gelegte Fenster und Nischen aufeinander bezogen und über den Hauptraum hinweg wieder zusammengebunden. Der Saal ist Festraum, aber auch Durchgangsraum (Diele).

Die Wohn- und Schlafräume sind untereinander so verbunden, daß man den Saal umgehen kann. Die Hauptwege zum Obergeschoß führen durch die Vorhalle. Man kann sich den Saal auch ohne besondere Gebrauchsfunktion vorstellen als einen schönen, den übrigen Organismus lediglich ordnenden Raum.

Andrea Palladio, Villa Cornaro (1551–1554)

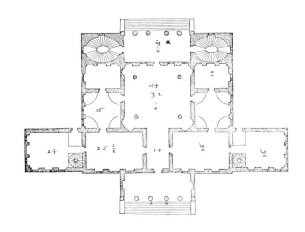
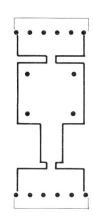
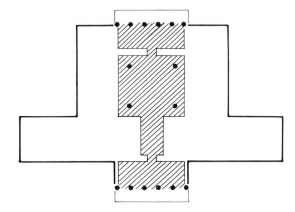
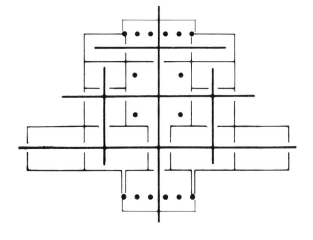

Haus Wilhelm Nagel, Wesseling-Keldenich, 1968

1. Die Haupt-Raumgruppe ist eine Folge von Querdiele, Wohnraum und Loggia.
In der Struktur ähnelt sie der Villa Cornaro und ebenfalls Berliner Häusern des Klassizismus. Sie bildet den Kern beim Haus Groddeck und tritt, in Verbindung mit einem Flur, bei Haus Schütte wieder auf. Die Raumfolge liegt als Längsrechteck im Querrechteck des Hauses und bildet den Übergang von der Straße zum Garten.

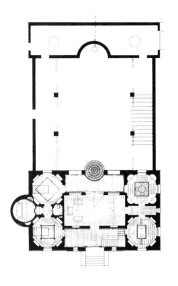
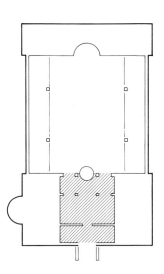

2. Haus und rückwärtig gelegene Abstellräume und Garage umschließen einen Gartenhof. Dieses Geviert bildet die Ecke eines Blockes in einem Einfamilienhausgebiet.

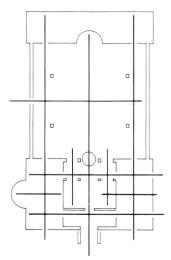

3. Wie in der Villa Cornaro sind die Eckräume untereinander und über Diele und Loggia durch hintereinanderliegende Türen und Fenster achsial aufeinander bezogen. Man kann den zentralen Wohnraum umgehen. Da dieser in der Querrichtung nur eine Türe hat, ist der Charakter des Durchgangsraumes abgeschwächt. Auch die niedrigere Decke trägt dazu bei.

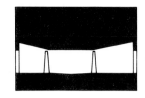

Haus Pahde, Köln, 1972

1. Der Hauptraum ist ein großes Rechteck, in das vier mächtige Pfeiler eingestellt sind, die die Öffnung eines Atriums bilden. Die überdachten vier Seiten können je nach Dimension und Ausbildung Vorraum, Flur oder Wohnraum werden. Die Verwandlungsmöglichkeiten dieser Raumfigur sind vielfältig wie das Haus Holtermann mit einem Atrium als Zugang zum Wohnraum und das Haus Kühnen zeigen, bei dem das Atrium wie ein bewohnbarer Kreuzgang wirkt.

2. In dem ausgestülpten und eingezogenen Baukörper definiert der Hauptraum eine präzise Figur. Er konzentriert das Haus nach innen. Zur Straße ist es abgeschlossen. Die visuelle Beziehung zum Außenraum wird nicht über das Atrium, sondern über den wie einen Fühler ausgestreckten, verglasten Erker der Eßküche hergestellt.

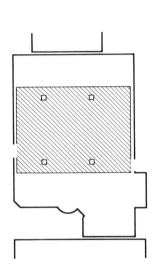

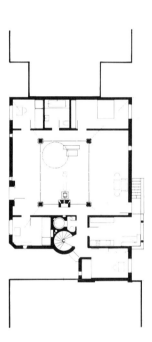

3. Durch gegenüberliegende Türen sind die Seitenräume über den Hauptraum hinweg, jedoch kaum merklich, zugeordnet.

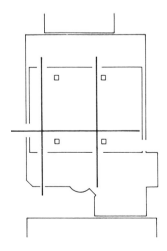

Haus Duchow, Bonn, 1983

1. Die Raumordnung wird durch einen Flur bestimmt.
In der Verwandlung kann der Flur an der Seite anstatt in der Mitte liegen, wie beim Haus Babanek, oder zur kurzen Diele werden, an die beidseitig je ein Raum anschließt, wie bei Haus Bähre.

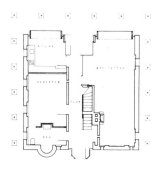 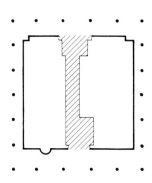

2. Der Flur durchdringt den Hauskörper mittig und gibt den anderen Räumen ihre Abgeschlossenheit voneinander. Er ist der räumliche Luxus des kleinen Hauses, der den Bau als einen dreidimensionalen Hohlkörper erfahren läßt, da er bis unter das Dach offen durchgeht.

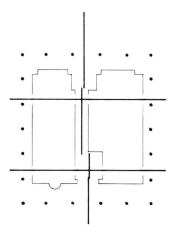

3. Gegenüberliegende Öffnungen schließen optisch die getrennten Räume über den Flur hinweg zusammen.

Aus dem Mittelflur des Wohnhauses wurde eine Treppe herausgenommen und in die schmale Tenne dahinter an den ehemaligen Stall verlegt. Damit entstanden als neutrale, ordnende Räume ein Mittelflur und eine Querdiele.

Die Zwischenwände des Stalles wurden entfernt, eine große, langgestreckte Halle entstand.

Der lange Saal über ein Gelenk an einen ordnenden Raum gesetzt, ist eine an diesem Hause vorgefundene Konstellation, die Bienefeld beim Haus Kühnen in Kevelaer weiterentwickelte und dort mit einem Atrium verband.

Haus Derkum. Wohnhalle, Fenster und Obergeschoßflur.

Grundriß und Analye Haus Derkum, Ollheim, 1978.

Wie eine klare Raumkonzeption aus einem vorhandenen Gebäudekomplex herausgearbeitet worden ist, zeigt der Umbau eines Bauerngehöftes aus der zweiten Hälfte des 19. Jahrhunderts in Ollheim.

In Ollheim wurden die ungleichen Bauten von Wohnhaus und Halle wiederum über Achsen zusammengefügt. Die Ausrichtung des Mittelflures im Wohnhaus wird – ein wenig versetzt – durch zwei gegenüberliegende Türöffnungen in der Wohnhalle und durch eine Luke in ihrer inneren Oberwand weitergeführt. Im Flur des oberen Wohnhausgeschosses unterstützt ein Spiegel diese optische Zusammenbindung.

Eine weitere Achse durchstößt die Rückwand von Halle und Hofmauer und führt den Blick

Haus Kühnen, Kevelaer. 1988.

durch zwei schmale Öffnungen hintereinander in eine unbestimmte Ferne jenseits der Hofmauer, bezieht aber dann optisch den Hof in die Halle mit ein.

Im Haus Kühnen in Kevelaer findet man diese achsialen Verbindungen nicht mehr. Die Baukörper stehen in sich geschlossen und leicht im Winkel gegeneinander gedreht als Individuen, die wie die Glieder einer Gruppe keine Hilfskonstruktionen mehr brauchen und doch zusammengehören.

Das noch unvollendete Haus Reich-Specht in Arnsberg bildet einen künstlerischen Höhepunkt in der Serie von Entwürfen, die den Raum als abgeschlossenen Kosmos zum Thema hatten.

Ein vorhandenes, breitgelagertes Haus wurde zu einem schmalen Giebel mit Dachterrasse umgeformt, zu einem gemauerten Stufenbau, neben den parallel ein gläsernes Haus mit gleicher Giebelbreite, geringfügig etwas höher und länger, gesetzt wurde.

Es erscheint als eine veredelte Paraphrase auf den Giebel des Backsteinhauses. Dieses Glashaus bildet innerhalb des geplanten Hofes mit offenem Hallengang die Mitte des Bezirkes im Schnittpunkt zweier Achsen. Es hat eine solche Würde, daß man meinen könnte, es schütze ein altes Naturheiligtum durch seine Gitterstruktur und stelle einen abgeschirmten, heiligen Ort dar, von dem nur eine Seite nach außen durch die Mauer dringt und Einblick gewährt.

Die Durchbildung des zentralen Raumes als offenes Glashaus zwischen Mauern und eingefriedetem Garten erzeugt eine Spannung des Offenen im angedeutet Geschlossenen.

Der Glasbau ist jedoch nicht „entmaterialisiert"

Haus Reich-Specht, Arnsberg, 1983. Lageplanskizze.

Ansicht Südostfassade
Haus Reich-Specht,
Arnsberg.

durchgebildet. Vielmehr ist das Tragen, das Lasten und das Einfügen der Glasscheiben in der Zusammensetzung der Profile und in der Gestaltung der Übergänge in der komplizierten Eisenkonstruktion so reich durchgeformt, daß das differenzierte, mehrschichtige Gitter räumlich empfunden wird.

Bei diesem Bau und beim gleichzeitig entworfenen Haus Hendrichs wurde ein Bild der Architektur aufgenommen, das die „Raumidee" Ostendorfs abzulösen scheint: an einen geschlossenen Mauerwerksbau ist eine Hülle aus Glas angesetzt.

Der Mauerbau entspricht äußerlich dem Typus des altägyptischen, gestuften Wohnhauses. Der Kontrast und das Nebeneinander sprengt den Gedanken eines beherbergenden Ordnungsraumes. Das Haus Babanek wird dieses Modell verwirklichen.

Im Rückblick erscheint es so, als würde Heinz Bienefeld sein Repertoire an Raumbildungen, das in den Vorentwürfen zum Haus Nagel bereits vollständig ausgebildet vorliegt, systematisch in immer neuen Zusammenhängen, ohne sich zu wiederholen, durchspielen, scheinbar unabhängig von den Bauherren, aber wohl bezogen auf die örtlichen Situationen. Dabei werden die Bauten und die Raumbildungen immer elementarer und freier.

## Bauformen

Oben: Pfarrkirche St. Bonifatius, Wildbergerhütte, 1974.

Unten: Innenhof Haus Stein, Wesseling, 1976.

In der Entwicklung seiner zentralen, Ordnung und Freiheit vermittelnden, Raumfiguren hat Heinz Bienefeld von der allseitig umschlossenen Halle bis zum offenliegenden Glasprisma mit immer neuen Kombinations- und Ausdrucksmöglichkeiten experimentiert. Die geschlossenen Mauern wurden in Natur- oder in Backstein ausgeführt oder in Kombinationen, die bis zum Ende der 70er Jahre farben- und ornamentenreich waren, wie Dominikus Böhms Kirchenmauern der späten 20er Jahre, und sich mit Bogenformen und Entlastungsbögen wie jene auf römische Vorbilder bezogen. Für die transparenten Wände und Pfeilerstellungen schuf er mit jedem Wechsel des Materials, vom Backstein über Holz zum Stahl, und für deren Zusammenspiel immer komplexere Bauformen, für die ein konstruktives Verständnis der klassischen Säule mit Basis und Kapitell jedoch der unbedingte Ausgangs- und Zielpunkt war.

Emil Steffanns Bild vom freistehenden Pfeiler blieb ebenso Leitidee. „Der Pfeiler trägt die Pfette, die Pfette trägt den Sparren, der Sparren wiederum die Lattung und den Dachziegel. Das klare Gefüge gegenseitigen Dienstes erhebt einen jeden Teil in seiner natürlichen Besonderheit."[15]

Bienefelds transparente Konstruktionen setzen nun für die Glasarchitektur einen Punkt hinter die ein Jahrhundert lang währende Auseinandersetzung um eine architektonisch befriedigende Lösung des Glashauses.

Als 1851 zur Weltausstellung in London das größte Glashaus des 19. Jahrhunderts, der „Kristallpalast", eröffnet wurde, entzündete sich eine langandauernde Architekturdiskussion.

Nach Meinung vieler, auch bewundernder Kritiker zerstörte die Eisenkonstruktion mangels körperlicher Substanz die Ideale der Architektur, insbesondere den Kanon ihrer klassischen Proportionen und löste das Raumempfinden auf. Noch 1869 versuchte der Berliner Architekt Richard Lucae, wie Julius Posener in seinem Aufsatz „Raum" darlegt, das neue Gefühl in ungewöhnliche Bilder zu prägen, ohne den Konflikt mit der klassischen Architekturtheorie auflösen zu können: „Wenn wir uns denken, daß man die Luft gießen könnte wie eine Flüssigkeit, dann haben wir hier die Empfindung, als hätte die freie Luft eine feste Gestalt behalten, nachdem die Form, in die sie gegossen war, ihr wieder abgenommen wurde. Wir sind in einem Stück herausgeschnittener Atmosphäre." Lucae sah, daß diese „Körperlosigkeit des Raumes" es sehr schwer macht, sich „den Einfluß der Form und des Maßstabes zu klarem Bewußtsein zu bringen."[16] Das aber sind die Forderungen der klassischen Architektur.

Unsere Wahrnehmungsgewohnheiten machen es uns heute schwer, Lucae ganz zu folgen. Vorhandene Zeichnungen des Kristallpalastes zeigen im Inneren eine gleichmäßige Gitterstruktur.

Ich weiß nicht, ob ich, außer im glasüberwölbten Querschiff, die Empfindung von „gegosssener Luft" gehabt hätte.

Allerdings mag das große Gitterraster aus dünnen Eisenstützen und gekreuzten Gitterträgern schon sehr unstabil gewirkt haben, und die Doppelstützen am Übergang zum Querschiff werden bei der großen Öffnung, die sie rahmten, diesen Eindruck auch kaum geändert haben.

Bei der Herstellung aus vorgefertigten Teilen erscheint es logisch, alle Bauglieder, auch die großen aus gleichen Elementen, z.B. verdoppelt oder vervierfacht, zusammenzusetzen.

Aber es wurde als ästhetische Ignoranz betrachtet, daß sie nicht mit Gesimsen und

„Als formale Elemente betrachtet, haben die Genera (Säulenordnungnen, d. Verf.) die äußerst bemerkenswerte Eigenschaften, entsprechend ihrer Schlankheit und Komplexität ihrer Form beurteilt und geordnet zu werden.

A. Tzonis, L. Lefaivre. Das Klassische in der Architektur. Bauweltfundamente 72. Braunschweig 1987. S.56

Kapitellen in ihren Proportionen korrigiert wurden. Friedrich Schinkel hat einige Jahre zuvor, 1835, das Problem größerer Schlankheit bei der Verwendung von Eisen anläßlich eines Entwurfes für „weite Hallen" anders gelöst.

Das Dachtragewerk sollte aus dünnen Eisenträgern bestehen. Diese verlangen dann für einen proportionalen Zusammenhang zwischen allen Teilen auch schlankere Stützen. Um die klassischen Größenverhältnisse der Säulen nicht zu verletzen, hat er diese vertikal geteilt. Auf einer entsprechend kürzeren Säule steht eine Karyatide, beide, Säule und Figur, ohne Verzerrung ihrer klassischen Proportionen.

Im weiteren 19. Jahrhundert hat man immer wieder dieses gestalterische Problem bei Glashäusern so gelöst, daß man über klassischen Säulen oder Pfeilern aus Stein in gewohnten Proportionen die feingliedrige Glasstruktur legte, so zum Beispiel bei den Glashäusern in Laeken bei Brüssel. Für uns sieht das aus, als wäre eine antike Architektur zum Schutz mit einer modernen Glaskonstruktion überbaut.

Ich denke, erst die Künstler des Jugendstil haben diesen Konflikt zwischen Auflösung und architektonischer Flächen- und Raumbildung zu lösen begonnen.

Sie haben eine optische Gleichgewichtigkeit von Figur und Grund in die Gitter- und Wandgliederungen ihrer dünnhäutigen Bauten übertragen, die sie aus der Grafik des japanischen Farbholzschnittes wie auch aus der ostasiatischen Kalligraphie lernten, und somit den Substanzverlust an Masse durch Konfigurationen

Links: Joseph Paxton. Kristallpalast, London, 1851.

Oben: Haus Klöcker, Hochkeppel, 1975. Vordachstütze.

Unten: Eisenstütze Haus Heinz-Manke, Köln-Rodenkirchen, 1986.

Mitte: Balat und Maget. Königliche Gewächshäuser, Wintergarten, Laeken, Brüssel, 1876.

Rechts: Victor Horta. Treppenhaus im Haus Horta, Brüssel 1899.

Oben: Haus Dominik. Giebelverglasung, Bornheim-Walberberg, 1983.

Unten: Pergola Haus Pohlmann, Neuenkirchen, 1903.

wettgemacht, die die dünnen Eisen in die Leere schrieben.

Viktor Horta führte in seinen Brüsseler Stadthäusern dieses graphische Prinzip am konsequentesten durch. Träger und Stützen, Kapitelle und Auflager sind Elemente einer Raumgrafik, die ihre imaginären Ebenen zwischen den Bauteilen aufspannt.

Heinz Bienefeld scheint in der Methode, nicht in den Formen, an diese Tradition des Jugendstil anzuschließen, wenn er, ohne die Transparenz aufzugeben, in einer räumlichen „Grafik" Fläche und Volumen entstehen läßt. Gleichzeitig kombiniert er gewissermaßen Paxtons Vorgehensweise der Zusammensetzung aus gleichen, dünnen Gliedern mit der einer vertikalen Teilung der Bauelemente Schinkels.

Ich möchte das an einem Beispiel zeigen. Es ist die Überbauung eines dreiseitig eingeschlossenen Balkons mit einem Glasdach und einer Glaswand, der Wintergarten im Obergeschoß des Reihenhauses Henderichs in Erftstadt-Lechenich von 1985.

Würde man diesen Wintergarten mit handelsüblichen Elementen in Aluminium ausführen, so ergäbe das – in Analogie zu Bienefelds Aufgliederung von Wand und ansteigendem Pultdach – ein Gitter mit kräftigen Profilen, eine Rahmenwand mit großen Öffnungen.[17]

Möchte man die Wand- und Deckenfläche so weit als möglich öffnen, ohne aber nur eine durchgehende Glasscheibe zu haben, so sind zum Beispiel dünne Stahlprofile notwendig, die ein einfaches, feines Gitter aufspannen, wie wir es von Glashäusern her kennen. Dabei kann die Fläche als selbständiges Gestaltelement ebenso verloren gehen, wie die Körperlichkeit der tragenden Teile.

Andererseits machen Anforderungen an die Wärmedämmung mit Isolierverglasung und die Vermeidung von Kältebrücken auch wieder stärkere Profile und kompliziertere Konstruktionen erforderlich.

In diesem Spannungsfeld sucht Bienefeld seine Lösung.

1. Öffnung und Zurückgewinnung der Fläche.

Mittels zierlicher Tragprofile soll die Wirkung einer völligen Offenheit und gleichzeitig optisch eine Fläche entstehen. Diese Aufgabe wird durch zwei Schritte erreicht.

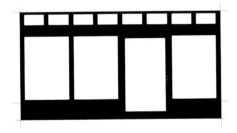

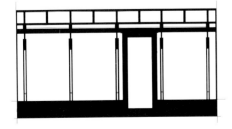

Haus Hendrichs. Wintergarten. Zeichnungen:

1. Silhouettenzeichnung. Hypothetischer Entwurf in Aluminiumprofilen.

2. Silhouettenzeichnung. Entwurf Heinz Bienefeld.

3. Schemagrundriß der Stützen.

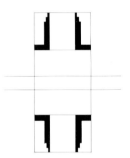

a. Die Stützen werden aus vier Teilen im Quadrat zusammengesetzt, und oben durch einen Stab untereinander befestigt. Der Stab trägt ein horizontales Profil, ein breites „Rähm".

Durch die Teilung der Stützen entsteht in der Ansicht ein Schlitz und durch den Stab am Kopf der Stützen eine Einschnürung, die wie ein negatives Kapitell wirkt.

b. Durch eine entsprechende Proportionierung der Fläche zwischen den Stützen, also durch eine genaue Kalkulation ihres Abstandes, sieht man in der Negativ-Figur ein deutliches „T".

Die Figur der Stütze mit eingeschnürtem Kopf und die Gegenfigur des Zwischenraums als „T" erscheinen, wie in einem Vexierbild, nahezu gleichwertig.

Der Schlitz, der durch die gespaltene Stütze

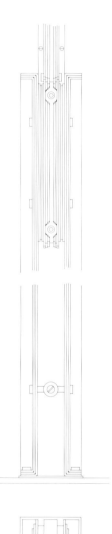

Grundriß und Ansicht der Stützen. Wintergarten Haus Hendrichs.

entsteht, setzt die helle Fläche in einer vertikalen Linie fort. Da die Stützen von den Seitenwänden abgerückt sind, und ein kräftiger Holz-Türrahmen als geschlossenes Rechteck zwischen zwei Stützen steht, bilden die verbleibenden schmalen Felder die Hakenform noch deutlicher aus. Man kann ebenso eine durchgehende Glasfläche sehen, in die filigran die durchbrochenen und eingeschnürten Stützen eingestellt erscheinen.

Obgleich der seitliche Abstand der Stützen von der Wand die Wirkung der Offenheit erhöht, wird ebenso das flächenbildende Spiel der gleichwertigen Wahrnehmung von Figur und Grund verstärkt. Die klassische Dreihebigkeit bleibt dabei erhalten, nur beginnt und endet die Reihe mit einer Fuge statt mit einer Stütze.

2. Filigrane Durchbildung und Zurückgewinnung der Körperlichkeit.

Der kleine Bau ermöglichte es an Stelle verzinkter Stahlprofile für die Stützen Zink zu verwenden. Da es Zink nur als Bleche gibt, erfordert die Stabilität die Ausbildung von Winkelprofilen und einen Aufbau aus mehreren Lagen.

Die geteilten Stützen bestehen aus vier dreilagigen, jeweils 3 mm starken Winkelstücken, zwei innen und zwei außen. Dazwischen liegen die Glasscheiben. Die vier Winkel deuten einen Körper an. Die Winkelecken jedoch liegen innen und das sich öffnende Profil ist nach außen gekehrt. Damit ist das eingeschlossene Körperfragment nicht ein Vierkant, sondern ein Kreuz.

Eine obere und eine untere Kopfplatte läßt jedes Winkelprofil als Fragment eines Hohlkörpers erscheinen, dessen vierte Kante das Auge sich zwischen der freistehenden Ecke der Kopfplatten gezogen denken kann. Das Auge gibt den zusammengesetzten dünnen Blechen durch die angedeuteten Figuren eine oszillierende Körperlichkeit zwischen Vierkant und Kreuz. Aus der Nähe entsteht durch die Winkelformen und die Bildung von Hohlräumen optisch eine Spannung von Begrenzung und Zwischenfigur. Zusammen mit den abgestuften Schichtungen der Bleche, sowohl der Stützen wie des stabförmigen Stützenkopfes und der Trennung aller Bauelemente voneinander durch Fugen oder Kerben, entsteht ein körperhaftes Bild der Elemente und der Zwischenräume.

3. Glaswand und Zurückgewinnung des Raumes.

Für die Empfindung des Raumes als ein Volumen ist eine Voraussetzung, daß Wände, Decke und Fußboden als optischer Zusammenhang erfaßt werden können.

Bienefeld hat dazu die Flächen als Figuren entworfen.

Die Wahrnehmung der Körperlichkeit der Bauglieder ist aber für die Raumwirkung ebenso wichtig. Die Andeutung einer Tiefendimension für die Wand und das Dach gibt dem so gebildeten Raum die Empfindung von Volumen.

Bienefeld hat dabei die Stärke der Bauglieder so abgestimmt, daß sie der Wahrnehmung der Flächenfigur nicht entgegenwirken. Er hat sie vom Großen zum Kleinen stufenweise geordnet. Was im Detail in der Nähe körperhaft wirkt, wird im großen Zusammenhang Teil der Fläche. In der Distanz werden die Volumina der Stützen und Träger zum Relief. Die Bauteile sind so feingliedrig, daß sie, aus der Nähe betrachtet, trotz ihrer Kompliziertheit im Zusammenhang mit der Wand nicht dominieren oder den Raum übertönen.

Zur räumlichen Wirkung tragen auch die Raumkanten bei. Geschlossen oder offen werden

Glasdach Wintergarten
Haus Hendrichs.

Fußboden oder Decke über die Kanten in der Wand ein Stück weitergeführt. Der zum Sockel hochgezogene Fußboden deutet ebenso ein Volumen an wie der Lüftungsschlitz über dem Rähm, der als Fortsetzung der schrägen Glasdecke aufgefaßt werden kann, da das tieferliegende Rähm mit seinem breiten Profil der eigentliche obere Abschluß der Wand zu sein scheint.

Die Verteilung der Funktionen auf unterschiedliche Bauglieder macht die einzelnen Elemente unvollständig und voneinander abhängig. Sie sind so entworfen, daß sie jeweils zum nächst größeren Zusammenhang sich fügen, zu einem optischen Puzzle, das alle Teile miteinander verhakt. Die Kunst Bienefelds besteht darin, jedes einzelne Element als Individuum erscheinen zu lassen, aber auch als Teil einer dreihebigen, grafisch schönen Figur, ohne auf die optische Logik der Darstellung von Lasten und Tragen zu verzichten. Man kann sich vorstellen, wieviel Mühe die Vollendung eines solch kleinen Raumes gekostet hat.

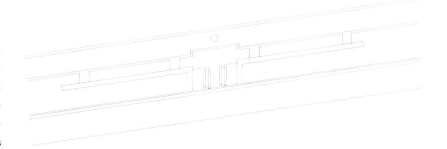

## Proportion

Kaum ein Begriff der Architekturtheorie hat eine größere Bedeutung als der der Proportion.
Wörtlich übersetzt meint er nur „Verhältnis". Wir verbinden jedoch damit alle Aspekte von Harmonie und Einheitlichkeit.
Die Arbeit an der Proportion durchdringt bei Heinz Bienefeld jeden Schritt im Entwurfsprozeß vom Grundriß über die Ansichten bis hin zum Detail. Die Proportion ist es, so seine Überzeugung, die dem Bau seine Wirkung für das empfängliche Auge verleiht. Die Antike und noch das Mittelalter sind und bleiben für ihn das unerreichte Vorbild, das seine Geheimnisse allerdings nicht preisgeben möchte.
„Die schwere Masse des Poseidon Tempels in Paestum hat eine Leichtigkeit, als wäre sie von oben herabgelassen. Der Grund für diese Wirkung muß die göttliche Zahl sein, welche die Materie auflöst."
Bei den Lehrmeistern Dominikus Böhm und Emil Steffann spielten Proportionen eine ebenso wichtige Rolle, aber darüber zu sprechen oder, im Sinne einer Lehre, das Empfundene weiterzugeben, war tabu. Bienefeld sucht die „göttliche Zahl" durch unendliche Mühen hindurch in seiner eigenen Urteilskraft. „Es fehlt immer noch ein Stück, um die Qualitäten der Antike oder des Mittelalters zu erreichen.
Was ist es, das fehlt? Wenn ich das wüßte! Ich versuche dahin zu kommen, doch bin ich mir im Klaren, daß ich das nicht finden werde."
Bei diesem Suchen im Dunklen, welches bestimmt ist von der Sicherheit, es könne wieder das Gefühl für Harmonie geben, so wie es das einmal gegeben hat, steht Bienefeld in einer bedeutenden Tradition in unserem Jahrhundert.
Zwei Avantgarde-Künstler, die einen traditionellen Architekturbegriff nicht aufgaben, sondern nur verwandelt wissen wollten, Bruno Taut und Le Corbusier, haben der Proportion in ihren Architekturtheorien einen bedeutenden Platz eingeräumt. In seinen 1936 in der Emigration in Japan entstandenen „Architektur-Überlegungen"[18] schreibt Bruno Taut: „Die Architektur ist die Kunst der Proportion". Er meint damit nicht die Anwendung bestimmter Maßverhältnisse, sondern die gewissenhafte Erfassung aller Bedingungen für einen Bau, die zu einem „anständigen Zusammenleben" gehören, und deren angemessene und ausgewogene bauliche Verwirklichung.
„Was ist ... die gelungene Proportion? ... Qualität überhaupt – nicht nur die Proportion – gehört zu all den Erscheinungen, die da sind und doch nicht definiert werden können, wie das Leben, Geburt und Tod, wie alles Elementare des Universums.
Kunst ist die Äußerung dieses Undefinier- und Unsagbaren durch den Menschen ... Technik, Konstruktion und Funktion mag längst vergessen sein, die Proportion aber kann nicht sterben. Sie ist unsterblich." Sie ist das, was ein Bauwerk zur Architektur macht. Sie entsteht nur durch den Künstler, aus seinem Inneren. Man kann Proportion nicht lehren. „Zum Lernen und Nachmachen ist da nichts." Vorläufig kann nur Kritik gelten, die feststellt, daß etwas nicht gut ist und warum es nicht gut ist.
Le Corbusier suchte einen festeren Stand und war wie viele Naturforscher und Kunsthistoriker überzeugt, die Schlüssel zu harmonischen Formgebungen in der Geometrie der Pflanzen und Tiere und in der Antike zu finden.
In „Vers une Architecture", 1925, verbindet er in dem berühmten Kapitel „Die Aufriß-Regler" die ästhetischen Ziele der Harmonie mit den ethischen der Ordnung.
"Die Verpflichtung zur Ordnung. Der Aufriß-

Poseidontempel, Paestum.

„Soll aber das Baugeschäft den Namen einer Kunst verdienen, so muß es neben dem Notwendigen und Nützlichen auch sinnlich-harmonische Gegenstände hervorbringen.

J. W. v. Goethe. Baukunst. 1795

„Was ist Architektur?
Es ist eine Kunst ...
ARCHITEKTUR IST DIE KUNST DER PROPORTION."

Bruno Taut. Architektur-Überlegungen. 1935

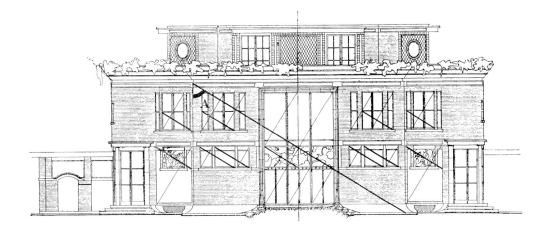

Le Corbusier.
Villa Schwob, La Chaux-de-Fonds, 1916. Eingezeichnete Proportionslinien.

Regler ist eine Selbstversicherung gegen die Willkür. Er schenkt dem Geist Befriedigung ... Seine Wahl und seine Ausdrucksabwandlungen haben wesenhaften Anteil am schöpferischen Gestalten der Architektur." [19]
Baupraxis und Vernunft gebieten die Verwendung von Einheitsmaßen und geometrischen Konstruktionen. Sie bringen in das Menschenwerk einen „Determinismus", den Natur- und Sittengesetzen gleich. 'Der Aufriß-Regler' trägt jene den Sinnen begreifbare Mathematik heran, die uns die beglückende Wahrnehmung der Ordnung schenkt."
Die Wahl des Aufriß-Reglers stellt den Augenblick schöpferischer Inspiration dar und „zählt zu den Haupthandlungen der architektonischen Gestaltung." [20]
Im Kapitel „Reine Schöpfung des Geistes" zieht er dann eine Parallele zwischen Natur und Kunst und verknüpft sie zu einem religiösen Erlebnis.
Er vergleicht die feine Durchbildung eines Gesichtes mit den Profilierungen am Parthenon. „Wenn die Feinheit der Modellierung und die Gliederung der Züge Verhältnisse enthüllen, die man als harmonische erfühlt", dann wird damit „in der Tiefe unserer Seele, über unsere Sinne hinaus ein Nachhall" geweckt, „gleichsam ein Resonanzboden in uns zum Schwingen" gebracht. „Spur eines unbestimmbaren Absoluten, das im Urgrund unseres Seins eingeboren ruht." Hier „steht der Organismus des Menschen in vollem Einklang mit der Natur." [21]
Le Corbusier wird sodann praktisch und in seinen Anweisungen verhältnismäßig einfach.
Er findet zwei Methoden, die Schönheit und Einheitlichkeit gewährleisten.
1. Größenverhältnisse müssen sich als gleich proportionierte Rechtecke wiederholen, und
2. die Linien eines architektonischen Werkes liegen auf Schnittpunkten geometrischer Figuren, die aus regelmäßigen Kreisteilungen hervorgehen.
Die erste Methode führte Le Corbusier zu Konstruktionen von parallelen und im rechten Winkel zueinander stehenden Diagonalen, die Umrissen, Öffnungen und anderen Gliederungen einer Fassade eingezeichnet werden, die zweite zum „Modulor", zu Zahlenreihen in Teilungen des Goldenen Schnittes.

Heinz Bienefeld stimmt in der Einschätzung der Wirkung von Proportionen mit Le Corbusier völlig überein, aber er sieht wie Taut heute keine Möglichkeit durch einfache Regeln dieses Ziel zu erreichen. Dabei arbeitet er konkret mit Zahlen wie Palladio, die er durch sorgfältige Beobachtung gestützt für sich bewertet. Gewisse Proportionen erzeugen bestimmte Stimmungen.

Über Proportionen

„Die Grundverhältnisse 4:3, 5:3, 8:5, usw. begleiten die gesamte Menschheit in der Architektur wie auch in der Musik.
5:3 ist eine Tugend; es ist ein Verhältnis, das durchaus angenehm ist. Mit dem Quadrat ist das so eine Sache. Ohne optische Korrekturen kann man es nicht verwenden. Im Grundriß wirkt es unbestimmt.
Wenn man einen Raum betritt, der quadratisch ist, hat man ein ungutes Gefühl. Man muß dem Raum andeutungsweise eine Richtung geben, in der man ihn beschreitet.
Das oktometrische Maß der Backsteinmauer verführt zu einer anderen Denkweise, so daß man nicht die Raumproportion vor Augen hat, sondern eine rein technisch praktikable Verwirklichung des Baus, egal wie das Ding aussieht.
Kommt man über das Verhältnis 2:1 hinaus, ist es immer kritisch. Die Proportion kann leicht ins Unklare abrutschen. Dabei verlasse ich mich auf mein eigenes Empfinden. Die Sinne sind das Hauptregulativ!
Es ist verblüffend, welche Ausstrahlung Rechtecke besitzen, die sich so einfach mit Zirkelschlag bestimmen lassen ( $\sqrt{2}:1$, $\sqrt{3}:1$, $1/2 \times (1+\sqrt{2}):1$ ).
Der Goldene Schnitt wird besonders von interessierten Laien überbewertet wegen seines Namens, und weil er angeblich alles regeln kann. Deswegen polemisiere ich oft gegen den Goldenen Schnitt.
Er ist schön, aber nicht besonders charaktervoll. Ich habe Proportionen an alten Grundrissen untersucht, aber auch an existierenden Gebäuden nachgemessen. Es gibt kaum eine Treppe, die während meiner Aufenthalte im Urlaub nicht nachgemessen wurde. Dabei stellt man zum Beispiel fest, daß die propagierte Bequemlichkeitsregel des Steigungsverhältnisses völlig unbrauchbar ist.
Ebensowenig ist die geforderte Raumhöhe von 2,50 m machbar. Das ist zu unentschieden. Ich mache sie niedriger. Dafür ist zum Beispiel die Eingangshalle hoch.
Das alles darf man nicht dem Zufall überlassen, auch nicht der Funktionalität alleine. Für ein Haus wird ein Fensterformat als charakteristisches Element geometrisch exakt festgelegt."

Über Regeln

„Geometrische Regeln wären einengend. Wenn es Proportionssysteme gab, dann sind sie (heute) völlig verschwunden. Ganz bestimmt gab es sie einmal, aber das läßt sich heute nicht erklären. Man findet kaum ein häßliches Gebäude im Mittelalter.
Ist vielleicht nur das Gute stehengeblieben?
Nein, dieses Ausleseverfahren hat es nicht gegeben, ganz im Gegenteil. Ich bin davon überzeugt, daß es feste Regeln gab, die das Handwerkszeug des Baumeisters waren und explizit weitergegeben wurden, aber irgendwann verlorengegangen sind. Und es besteht keine Möglichkeit, durch Untersuchungen ihr Geheimnis zu lüften. Der große Bruch ist die Französische Revolution, wo noch vorhandene,

tradierte Regelsysteme restlos vernichtet worden sind. Die Folge des Verlustes solcher Proportionssysteme ist die Auflösung des Schönheitsbegriffes.

Man müßte ein solches System von innen heraus kennen. Es ist ja nur dann anwendbar, wenn es zwar feste Regeln gibt, diese aber variabel sind im Verhältnis eins zu unendlich, würde ich sagen, weil jede Situation anders ist.

Versuchen wir über einen Plan ein geometrisches Netz zu legen, wie zum Beispiel die Triangulatur, dann sieht man, daß das falsch ist, weil ein solches System gar keinen Rhythmus kennt. Und einmal gefunden, wäre es auf ein anderes Gebäude gar nicht anwendbar.

Heute geht das nur, wenn man Grundproportionen verinnerlicht, so daß diese in einem drin sind. Das ist die einzige Möglichkeit, dem gerecht zu werden.

Was ein Haus zu einem Kunstwerk macht, ist schwer zu vermitteln. Wie ein Musiker täglich üben muß, damit er die richtige Proportion hinkriegt, so ist es auch nicht anders mit der Architektur. Daher muß ein bildender Künstler täglich üben.

Man muß unter den unendlich vielen Möglichkeiten die richtigen Zusammenhänge herstellen.

Suchte man heute nach einem klaren System, dann wäre das wie Blindekuh-Spielen.

Man ist sich darüber im Klaren, daß bei der auf Empfindung beruhenden Anwendung der Proportion immer ein Rest Unbefriedigtsein zurückbleibt. Der letze Grad an Vollkommenheit ist unerreichbar.

Ich hänge mehrere Fassadenzeichnungen für einige Tage auf und lasse sie auf mich wirken, um entscheiden zu können, welche Variante die Richtige ist.

Meine Forderung an die Architektur ist: es darf keine unkontrollierten Flächen, keine nicht bedachten Teile geben. Es geht darum, den Entwurf wägbar zu machen, und das macht unsere eigentliche künstlerische Arbeit aus. Man kann kein Fenster mehr verschieben oder etwas umplazieren, wenn der ausgewogene Entwurf erreicht ist. Wenn ich das Gefühl habe, daß etwas nicht paßt, arbeite ich so lange daran, bis dieses Gefühl weg ist."

An der Entwicklung des Grundrisses und der Straßenfassade des Hauses Bähre in Algermissen, 1984, wird versucht, den Entwurfsprozeß als eine Bestimmung von Proportionen nachzuvollziehen.[22]

Der Grundriß:

1. Am Anfang steht der Lageplan.

Zu Beginn macht Heinz Bienefeld ein Plastilinmodell der Umgebung des Bauplatzes im Maßstab 1:500. In diesen wird der Baukörper des neuen Hauses als eine „Antwort auf die Umgebung" in gleichem Material eingefügt, so daß es unauffällig ist und damit als Teil der Umgebung verstanden wird.

Für das Haus Bähre legte er einen schmalen,

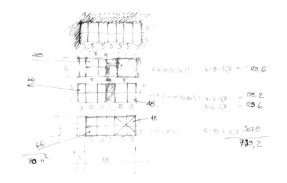

langgestreckten Baukörper fest, welcher der baumbestandenen Straßenecke gegenüber eine Wand bildet und einen Platz andeutet.
Der Bau ist Abschluß und Steigerung einer unregelmäßigen Gruppe von Häusern. Anbauten schirmen einen Gartenhof ab. So entstehen durch das neue Haus klare öffentliche und private Räume und ein sich schließendes Dorfbild. Ohne entscheidende Änderungen wird diese Konzeption in die Planung umgesetzt.

2. Erste Skizzen 1:500, mit dünnem Filzstift gezeichnet, geben gleichsam als eine Vorübung Größenverhältnisse in Zahlen an. Die Zahlen bedeuten Metermaße. Man findet schematische Teilungen, die Räume werden können, einen Rhythmus andeuten und Grundproportionen bilden: 2:1, 4:3, 6:5, usw.

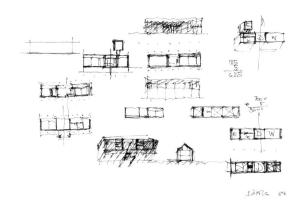

Unter den Skizzen finden sich keine Perspektiven. Alle Vorstellungen werden in Grund- und Aufrisse projiziert und in diesen Planzeichnungen abgewogen.

3. Skizzen 1:500, dünner Filzstift.
Ein schmaler, Ein-Raum tiefer Grundriß entsteht. Die im Modell festgelegte Traufbreite des Baukörpers von 8 m wird durch ein breites Satteldach auf Stützen erreicht. Der Grundriß wird zur Isometrie ergänzt, um sich der körperlichen Wirkung zu versichern.

4. Skizzen 1:500
Weicher Bleistift und Kohle fassen die Raumproportionen optisch zusammen. Regelmäßige Stützenreihen stehen im Kontrast zu differenzierten Raumgrößen. Neben quadratischen und schmal-rechteckigen Formen steht ein Wohnraum als Rechteck im Verhältnis 2:1 oder $\sqrt{3}:1$.

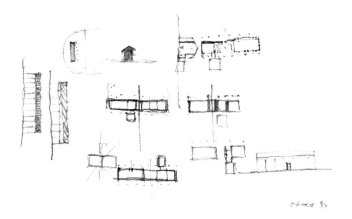

Analyse: Chr. Heide und U. Schnieber.

5. Nachdem Raum und Baukörper im Maßstab 1:500 entwickelt sind, werden die Räume 1:200 mit dem Lineal in Bleistift aufgerissen und durch Zirkelschlag Proportionen genau konstruiert. Nebeneinander stehen Quadrat, 1/2 (1+√2):1 (Verlängerung des Quadrats um die halbe Diagonale) und √3:1 (Verlängerung des Quadrats um die Diagonale und nocheinmal um die gewonnene zweite Diagonale), Wandstärken werden aufgetragen.

6. Die Überzeichnung der Konstruktion 1:200 mit Kohlestift dient zur ersten Festlegung von Öffnungen (Auswischen der Kohlestriche) und der Regulierung der Raumzusammenhänge durch Achsen.
Andere Skizzen sind Überzeichnungen der Konstruktionslinien mit Lackstift, die ebenfalls den Zweck haben, die Wirkung zu kontrollieren und zu bestätigen.

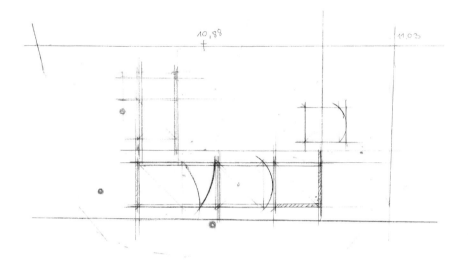

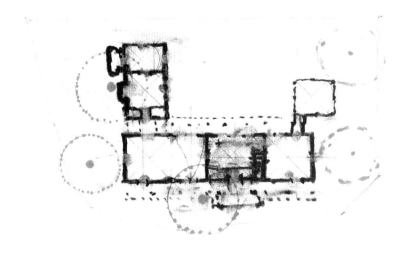

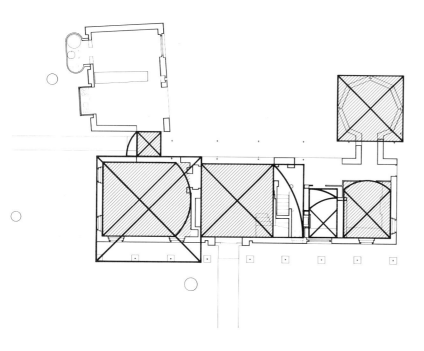

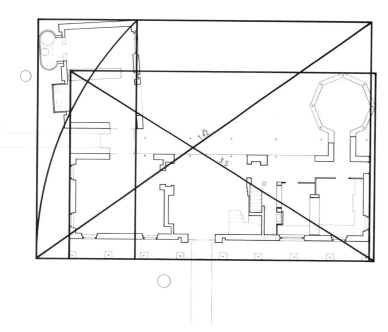

7. Systematische Untersuchung des fertigen Grundrisses nach Proportionen.

Die schraffierten Flächen sind die von Bienefeld durch geometrische Konstruktion festgelegten Rechtecke. Es sind wichtige Räume wie Diele, Wohn- und Eßraum.

Die übrigen durch Diagonale und Zirkelschlag gekennzeichneten Proportionen konnten bei der Analyse gefunden werden. Dabei wurden außer Quadraten weitere Rechtecke in den Verhältnissen $\sqrt{2}:1$ und $\sqrt{3}:1$ entdeckt, die dem Auge nicht unmittelbar sichtbar sind, und die Bienefeld nicht bewußt konstruiert hat. Es ist keineswegs erstaunlich, daß solche Proportionen im einzelnen und für den Grundriß als Ganzes auftreten. Es wird ja so lange hin- und hergeschoben, bis das Liniengeflecht eine „befriedigende Optik" hat.

Diese nachträglich ermittelten Proportionsfiguren bestätigen die Zuverlässigkeit des Sehens. Wichtig erscheint eine klare Proportion über dem recht komplizierten Gesamtgrundriß.

Hans Junecke weist für die griechische Architektur nach, daß die Gesamtfigur mit einem ganzzahligen Verhältnis auf einfachen pythagoreischen Teilungen aufgebaut war.[23]

Die Ansicht

Zwei Schichten bestimmen die Ansichtszeichnung für die Baueingabe im M 1:100: die vorgesetzte, gleichmäßige Stützenreihe und die Hausmauer mit vielen unterschiedlichen Fensteröffnungen.

Wegen eines Baumes mit großem Ast wird das Stützfeld an der Haustüre breiter angelegt und

Analyse: Chr. Heide und U. Schnieber.

das linke Nebenfeld verkleinert, was eine gewollte Störung in der regelmäßigen Reihung mit Rechtecken im neutralen Format von ungefähr 2:1 erbringt. Dagegen sind die Fenster in der Mauer scheinbar beliebig angeordnet. Sie sind als Projektion der inneren Raumeinteilung ungleichmäßig über die Fläche verteilt. Es gibt ein gleiches Fensterformat mit dem Verhältnis 5:3 für die mittelgroßen Fenster. Der Rahmen für die Haustüre hat dieselben Verhältnisse.

In der Weiterbearbeitung des Baueingabeentwurfs, von der drei Stufen gezeigt werden, sind die Mauerfassaden mit Kohle gezeichnet. Mit Wegwischen und Überzeichnen wurde nach einer befriedigenden Verteilung der Öffnungen getrachtet.

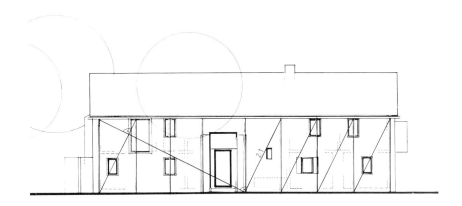

1. Die „Normalfenster" erscheinen etwas größer und haben ein Verhältnis von 5:3. Sie werden näher aneinander gerückt, wodurch ein gleichmäßigeres Bild entsteht. Drei größere und zwei kleine Rechtecke dazwischen bauen Spannung auf. Um die Türe als „Drehpunkt" entsteht eine rotierende Bewegung wie in Bildern der Konstruktivisten.

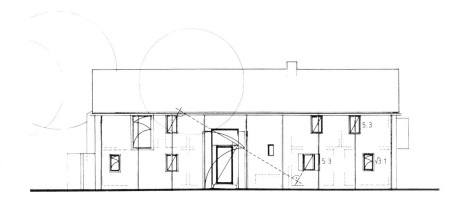

2. Die Komposition wirkt ruhiger. Das große Fenster im Obergeschoß wurde auf Normalgröße reduziert.

Der fast gleichmäßigen Reihung im Obergeschoß steht als Kontrast eine Ungleichverteilung im Erdgeschoß gegenüber. Die große Haustüre und zwei kleine, quadratische Fenster bilden eine kompositorische Mitte. Wie ein Keil schieben sie sich nach oben in das Feld und scheinen die oberen Fenster zur Seite zu drücken.

Wie bei 1 entsteht eine Bewegung, jedoch in vertikaler Richtung. Die Proportion der „normalen" Fenster wirkt gedrängter, ungefähr 4:3.

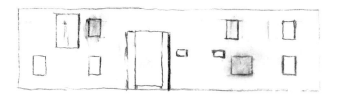

Analyse: Chr. Heide und U. Schnieber

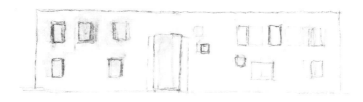

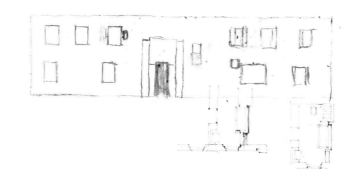

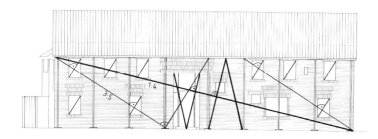

3. Die Mehrzahl der Fenster ist gleich groß und hat das Verhältnis 5:3. Es ist das Hauptthema der Komposition.

Die Fenster sind im Obergeschoß fast regelmäßig gereiht und bilden nun mit den Erdgeschoßfenstern, die sich direkt oder mit kleinen Verschiebungen auf die darüberliegenden beziehen, zwei gut ablesbare Gruppen. Damit ist die „Dynamik" nahezu zum Stillstand gebracht.

4. In der endgültigen Fassade bleibt die Stützenreihe unverändert. Das verbreiterte Feld vor der Eingangstüre bringt eine Verschiebung in die Gleichmäßigkeit und löst gleichsam das Problem der mittigen Stütze, die in einer klassischen Komposition, von wenigen Ausnahmen abgesehen, nicht vorkommen darf. In der Mitte muß immer eine Öffnung sein. Die Verbreiterung des Feldes lenkt die Aufmerksamkeit weg von der verstellten Mitte. Es entsteht aber keine Unruhe, da zwei Stützfelder zusammen nahezu immer ein Quadrat bilden.

Die Fenster in der Backsteinmauer formen ablesbare Gruppen, ein Zufallsmuster, das kein Erzeugungsprinzip und keine gleichwertigen Proportionsfiguren dazwischen erkennen läßt.

Das wiederum steht im Kontrast zu dem genauen Verhältnis von 5:3, das neun der dreizehn Fenster haben. Ein weiteres Fenster ist ein exaktes Quadrat, zwei andere sind ihm angenähert. Zwischen zwei Fenstern des Obergeschosses liegt noch ein kleines, schmales. Die Fassade wirkt nun unaufdringlich, beinahe selbstverständlich.

Die Verhältnisse zwischen den Öffnungen folgen keinerlei Zahlenreihen, und doch stehen sie in einer elastischen Beziehung, die sie weder eintönig noch dynamisch erscheinen läßt. Ich möchte die Komposition der Fassade mit einem

Skizze Haus Babanek. Brühl, 1990.

Bilde verdeutlichen. Die Bewegung, welche das große Rechteck der Haustüre in die anderen Öffnungen bringt, ist wie ein Stein, der ins Wasser geworfen wurde und Wellen geschlagen hat. Zum Rande hin kommen die Bewegungen zur Ruhe, zeigen daß er „fest" ist, und es bildet sich indirekt wieder eine dreihebige Gliederung aus.

Hält man sich die geschlossene, symmetrische Komposition des Hauses Nagel, die von Palladio oder Serlio herrühren mag, zum Vergleich vor Augen oder die rhythmische Reliefbildung der Außenwände am Haus Holtermann, in der man römisches Mauerwerk sehen kann, so wirkt die Straßenansicht des Hauses Bähre unschuldig und fast kindlich. Zum Kontrast steht ihr die künstlerisch höchst anspruchsvolle, gestufte Glasfassade auf der Gartenseite gegenüber.

In letzter Zeit spürt Heinz Bienefeld den künstlerischen Möglichkeiten des naiv Wirkenden nach. Für Haus Babanek zeichnete er ein radikal einfaches Haus, ein „altägyptisches" Stufenhaus mit Reihen gleicher Türen und Fenster, ganz ausdruckslos so, als wäre es die Malerei eines Kindes.

Durch die aufeinander bezogenen Verhältnisse und die strenge Gesamtform hat das Bild des Hauses aber die Ausstrahlung eines Sakralbaus. Es scheint das Geheimnis seiner Zahlen in der Regelmäßigkeit seiner Teile noch mehr zu verbergen, als die wie absichtslos wirkende Zufälligkeit der Fassade am Haus Bähre.

# MATERIAL

Diele Haus Schütte.
Köln-Müngersdorf, 1978.

Ich bin mir bewußt, daß der Komplexität des Werkes, der unentwegten Arbeit an der Gestalt, der unermüdlichen Suche nach Verwirklichung dessen, was das Klassische genannt werden könnte, mit Worten und sachlichen Analysen nicht beizukommen ist. Sie hinken hinterher, können einige Zusammenhänge feststellen, aber sicherlich keine Richtungen andeuten.

Trotz der immer größeren Einfachheit der Konzeptionen, der Heinz Bienefeld nachzugehen scheint, entstehen immer andere Raumbildungen und unvorhergesehene Wirkungen.

Daß die ausgeklügelte Harmonie der Räume keine bequeme Gefühlsseligkeit erzeugt, hängt wesentlich mit der Durchsichtigkeit des Hauses und mit der Wirkung seiner Materialien zusammen. Beide haben etwas mit Ehrlichkeit, vielleicht besser gesagt, mit Direktheit zu tun.

Die Geborgenheit der Räume wird immer kontrastiert mit einem Öffnen, nicht nur nach außen, sondern auch nach innen und nach oben, bis unter das „freigelegte" Dach.

Ist im Haus Schütte die Diele und der Wohnraum von dem offen erscheinenden Sparrendach – das ein inneres Dach ist, über dem die Wärmedämmung liegt – überdeckt, so daß sich das Gefühl eines offenen Übergangs in den Garten steigert, sind bei Haus Groddeck und den späteren Bauten die Dächer wie dünne Zelte auf schlanken Stützen aufgespannt und von der Diele aus wie in einem Raumschnitt zu erfassen, während der Wohnraum als niedriges Haus im Haus Abgeschlossenheit vermittelt. Grundsätzlich existieren in jedem Haus Stellen, von denen man in äußerste Winkel sehen kann, so als seien einzelne Schichten aufgeklappt.

Die andere Form der Direktheit ist der Umgang mit Materialien.

Wie oben bereits erwähnt wurde, übernahm Bienefeld die sinnenhafte, reich gebildete Oberfläche der in Backstein und Naturstein gemischten Mauern von Dominikus Böhm. Er wies damit auf ein Thema der Architektur hin, in dem weithin Unsicherheit und Ignoranz besteht, sicherlich auch weil durch Publikationen Zeichnung und Fotografie dominieren.

Aber „das Wohl und Wehe der Architektur hängt von der Wirkung der Oberflächen ab."
Und die Wirkung der Oberfläche ihrerseits hängt mit der Brechung des Lichtes auf ihr zusammen. Bei den Putzen kann man das am besten erfahren. Wird dem Kalk kristallines Marmormehl beigemischt, so dringt das Licht unter die Oberfläche, läßt diese fast immateriell erscheinen und wird lebendig wechselnd wie eine empfindsame Haut. Sie gibt die feinsten Farbnuancen der Umgebung wieder.

Dagegen kontrastierend wird die natürliche Farbe des Holzes gesetzt, das immer roh eingebaut wird und selbst in den Dachstühlen frei von verunstaltenden und giftigen Schutzmitteln ist. Generell werden auch die Metalle nicht glatt und glänzend, im High-Tec Image, eingebaut, sondern mit einer Oberfläche, die bei der Bearbeitung Rauhigkeit und lebendige Unregelmäßigkeit entstehen läßt. Das wirkt keineswegs rustikal, sondern stellt einen Kontrast zur Präzi-

Ansicht Haus Groddeck.
Bad Driburg, 1984.

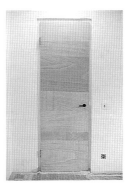

sion der Bauteile her, eine Unschärfe und eine Brechung an der Oberfläche.

Die Backsteine, zum Beispiel, die mit der ungleichmäßigen Lagerseite nach außen vermauert werden, erhalten breit und bündig ausgestrichene Fugen, die sich zu einer Fläche, zu einer nahezu exakten Ebene wieder zusammenschließen.

Wohl mag es „unfertig" wirken, wenn Sperrholztüren unlackiert bleiben, der Stahl verzinkt oder bei kleinen Objekten gleich Zink verwendet wird. Glatte Materialien und glänzende Oberflächen bilden Akzente, bleiben vereinzelt als farbige Fensterrahmen der Lüftungsflügel, als metallene Außentüren oder aus der Backsteinmauer heraustretende lackierte Metallzylinder und kristalline Glaskörper.

Das alles bedeutet jedoch keine ideologischen Festlegungen. Frühere Prinzipien scheint Bienefeld aufzugeben, wenn er nun Innenräume über alle unterschiedlichen Materialien, Konstruktionen und Details hinweg weiß streicht, um eine größere Einheitlichkeit der Form zu erhalten.

Man mag eine solche Neutralisierung bedauern, muß aber zugestehen, daß immer ganzheitliche, in sich schlüssige Werke entstehen. Bienefeld sieht kein Ergebnis als endgültig an, sondern vollzieht einen fortwährenden Balanceakt, der das Verständnis des Klassischen in alle Richtungen in kleinen Schritten zu erweitern versucht.

Links: Ziegelsteingiebel zum Hof. Haus Derkum.

Oben: Treppenhaus Haus Derkum.

Unten: Sperrholztür Haus Holtermann.

# EPILOG

Alles Gedachte und schon einmal Skizzierte taucht in neuen Werken unvermutet wieder auf in einem neuen Zusamenhang. Während der Arbeit an einem Entwurf sind fast bis zur Fertigstellung die Festlegungen vorläufig und können wieder verworfen werden.

Heinz Bienefeld würde auch größere Projekte als Wohnhäuser und Gemeindezentren bauen wollen, aber er müßte dafür sicherlich diese seine Arbeitsweise ändern. Er müßte vieles Anderen überlassen und könnte nicht mehr alle Einzelheiten ganz und gar selbst bestimmen.

Das Wohnhaus mit seinem Alltag dem Alltag zu entrücken, einen schönen Gebrauch jenseits des nur Nützlichen und Zweckhaften entstehen zu lassen, ja, in diesem Geringen des Wohnhauses die höchste Form der Architektur als Kunst zu verwirklichen, das ist die Aufgabe, die er sich bisher gestellt hat.

Daß er dabei nach überpersönlichen Werten sucht und diese mit jedem Bau als Objektivum herausschält, als etwas Prototypisches zur Erscheinung bringt, das gibt ihm seine hohe Stellung innerhalb der Kultur unserer Zeit.

Die Suche nach der höchsten Form des Kunstwerkes läßt Heinz Bienefeld als einen bescheidenen, immerfort selbstkritischen Diener erscheinen, dem es nur um das Werk geht. Dieses Werk und alle seine Teile sind lediglich Stadien zum Vollendeten, obgleich jeder Bau uns schon als ein Vollendetes erscheint. Er ist dabei kompromißloser Außenseiter und rätselhaft verschlossener Innenseiter, einem Felsblock gleich, den man nicht umgehen kann, und ein schlechtes Gewissen für alle leichtfertigen Kompromißler und Nachahmer.

Höchste Kunst fordert diese Unerbittlichkeit. Ist Kunst ein Ausfluß des Lebens, was ist dann das Leben selbst?

Anmerkungen

1) Wenn nicht anders gekennzeichnet, sind die Zitate Äußerungen Heinz Bienefelds anläßlich eines Gesprächs im Juni 1990

2) J. Habbel (Hrsg.), Dominikus Böhm, Regensburg 1943

3) ARCH+ 72, 1988, S. 24

4) Manfred F. Fischer, Fritz Schumacher, Hamburg 1977, S. 16

5) ARCH+ 87, November 1986, S. 41ff

6) A. Scheffers, Architektonische Formenschule, Leipzig 1862

7) Alexander Tzonis und Liane Lefaivre, Das Klassische in der Architektur, Bauweltfundamente 72, Braunschweig 1987

8) Gerd Poeschken, Karl Friedrich Schinkel, Das Architektonische Lehrbuch, München 1979, S. 58

9) Friedrich Ostendorf, Sechs Bücher vom Bauen, 3. Aufl., Berlin 1918, S. 1

10) ebenda S. 3

11) ebenda S. X

12) ebenda S. 4

13) Norbert Elias, Die höfische Gesellschaft, Darmstadt 1983

14) Die Analysen entstanden im Rahmen einer Studienarbeit und wurden von Thomas Doussier, Martin Schreiner, Barbara Hake und Edgar Marzusch durchgeführt. Veröffentlicht wurde sie in ARCH+ 79, 1985, S. 32ff

15) Lothringer Baufibel 1943, in: ARCH+ 72, 1988

16) Julius Posener, Reden und Aufsätze, in: Bauweltfundamente 54/55, Braunschweig 1981

17) Die folgenden Zeichnungen entstanden im Rahmen einer Studienarbeit von Jens Winterhoff

18) Bruno Taut, Architektur-Überlegungen, Manuskript 1936, Bruno Taut Archiv, Aachen

19) Le Corbusier, Vers une Architecture, dt.: Kommende Baukunst, Stuttgart 1926, S. 51

20) ebenda S. 57

21) ebenda S.171

22) Grundlage der folgenden Ausführung ist eine Studienarbeit über Proportionen bei Heinz Bienefeld von Christoph Heide und Urban Schnieber

23) Hans Junecke, Die wohlbemessene Ordnung. Berlin 1982

BAUTEN UND PROJEKTE

## Bischofskirche St. André

1967

Der Entwurf für eine Bischofskirche in Goma am Kivusee sieht einen kreisförmigen Raum von 60 m Durchmesser mit 2000 Sitzplätzen vor, in dem der Altar Mittelpunkt eines abgesenkten sakralen Bereiches ist. Der Typus des Zentralbaus enthält das Bild frühchristlicher Kirchen, aber auch das eines schützenden Krals.

Das nahezu 3 m dicke Mauerwerk sollte in dem vulkanischen Gestein der Umgebung ausgeführt werden. Ein großes Gittertragwerk aus ungeschälten Eukalyptusstämmen ruht auf der Mauer und auf zwei Steinpfeilern, die gleichzeitig der Altargruppe einen würdevollen Rahmen geben.

An der Mauer führen innen Treppen auf einen in sie eingelassenen offenen Umgang, der, unverglast, im feuchtheißen Klima für eine dauernde Raumlüftung sorgt. In der Regenzeit kann die Windseite mit Holzklappen verschlossen werden.

Das Regenwasser wird über vier Strebepfeiler abgeleitet. Ein Arkadengang in Holzskelettbauweise setzt eine schützende Schale vor die Kirche.

Soziales Zentrum und Priesterseminar, in der Hauptachse angeordnet, umschließen zwei Atriumhöfe, die durch die Privatkapelle des Bischofs voneinander getrennt sind.

Der Bau sollte aus Feldbrandziegeln von einer Insel auf dem Kivusee hergestellt werden.

Für die Stadt Goma, die weitgehend aus improvisierten, selbstgebauten Flechtwerkhäusern und unansehnlicher, moderner Bebauung aus den Zwanziger Jahren besteht, hätte das Bauwerk Vorbildwirkung haben können, nicht nur wegen seiner formalen und auf das Klima bezogenen Qualitäten, sondern auch wegen der Möglichkeiten, ungeschulte Bauarbeiter aus der von hoher Arbeitslosigkeit betroffenen Bevölkerung einzusetzen. Für das Handwerk hätte es fördernd und bildend gewirkt.

Um die Größe und Raumwirkung des Baus abzuschätzen, wurden geschichtlich bedeutsame Kirchen in vergleichenden Skizzen studiert. Es war verblüffend zu sehen, daß Bauwerke wie die Hagia Sophia, Alt Sankt Peter, San Marco, San Stefano Rotondo oder die Konstantins Basilika nahezu dieselbe Flächengröße aufwiesen.

Links: Version 1, quadratischer Grundriß im Vergleich mit San Stefano Rotondo.

Rechts: Version 2, Kreisförmiger Grundriß im Vergleich mit der Maxentius Basilika.

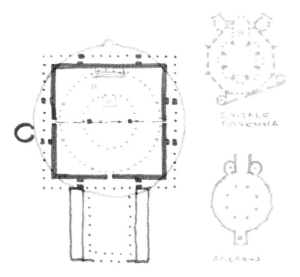
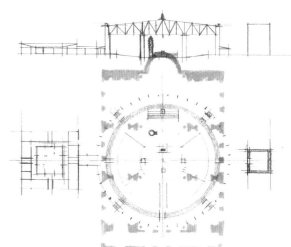

# Goma / Kongo

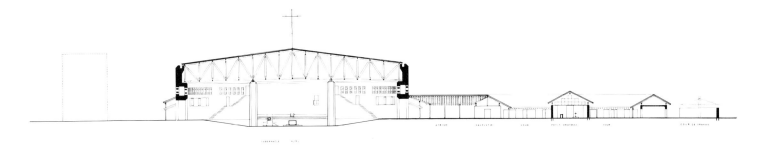

Längenschnitt.

Maßstab 1:1000

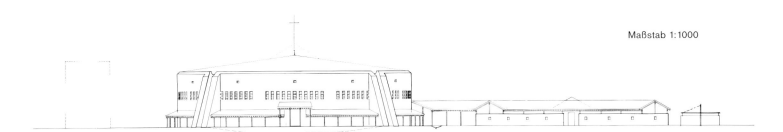

Ansicht.

Grundriß.

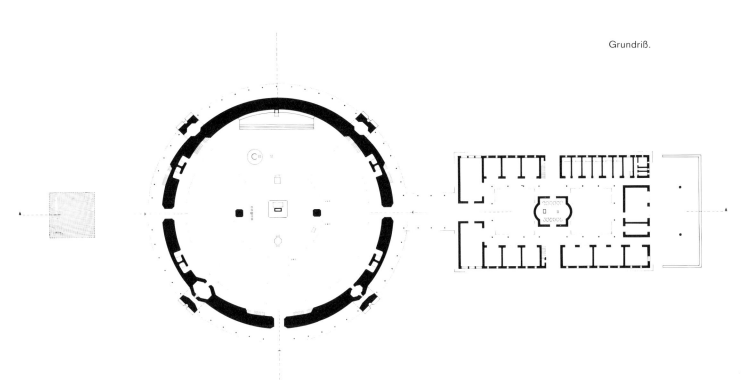

## Pfarrkirche St. Willibrord

1968

Die Kirche liegt inmitten eines kleinen Hunsrück Dorfes bei Niederzerf, 30 km südöstlich von Trier.

Durch den pastoralen Zusammenschluß von drei Dörfern wurde in dem 1000 Seelenort eine Kirche mit 500 Sitzplätzen benötigt.

Die polygonale Form des Grundrisses ergibt sich aus den Grundstücksgrenzen. Der breitgelagerte Baukörper schließt dabei das Ortsbild zusammen und läßt einen Platz vor der Kirche entstehen, der durch den 1990 eingeweihten Turm eine klare Randbildung erhält.

In der Kirche stehen hinter dem Altar, der durch seine Stellung eine zentrale Bedeutung bekommt, die ergänzten Reste eines kleinen, gotischen Doppelchores der das Sakramentshaus enthält.

Dieser kleine Bau läßt den unregelmäßigen Raum mit seinen verschiedenen Bodenhöhen wie einen mittelalterlichen Marktplatz erscheinen, der mit langen Holzbindern und einer mittig sitzenden Glaslaterne für Versammlungen und Feste überdeckt wurde. Der schräg im Raum stehende fragmentanische Bau durchschneidet die von Wänden und Dach angedeutete Richtung und läßt sie einer höheren Ordnung angehörend erscheinen.

Das reichgestaltete, tragende Ziegelsichtmauerwerk und die mit transparenten Onyxscheiben geschlossenen Fenster geben dem relativ niedrigen Raum eine feierliche Stimmung.

Die alten Kirchenbänke sind Provisorium, aus Ziegelsteinen gemauerte sind vorgesehen.

Der Campanile war ursprünglich niedriger geplant, um als Teil des Gebäudevolumens zu wirken. Seine Decke sollte offen sein. Wie im Pantheon in Rom hätte man dann beim Blick nach oben die Wirkung einer vollkommenen Ruhe erfahren können, die eintritt, wenn am Himmel vorüberziehende Wolken eine kaum wahrnehmbare und doch zu spürende Bewegung in die kreisrunde Öffnung bringen.

Ein ähnlicher Raumgedanke wurde im schiefen Turm zu Pisa verwirklicht.

Lageplan.
Maßstab 1:2000

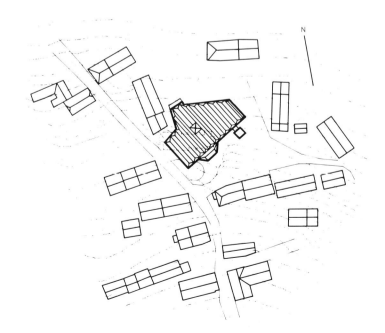

Mandern-Waldweiler

Modellfoto.

## Pfarrkirche St. Willibrord

Südseite mit Turm.

Ostseite.

Nordseite.

Westseite.

# Mandern-Waldweiler

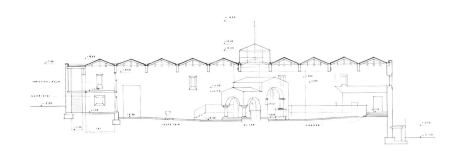

Schnitt B-B.

Maßstab 1:500

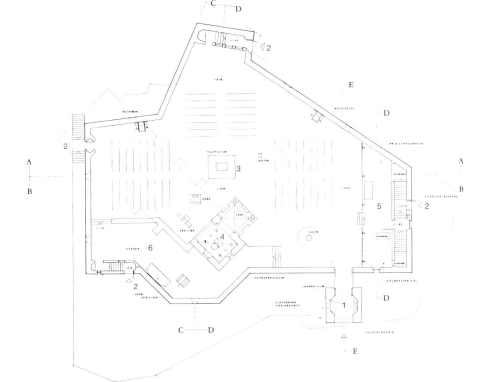

Grundriß.

1 Turm und Haupt-
  eingang
2 Nebeneingänge
3 Altar
4 Gotischer Doppelchor
  als Sakramentshaus
5 Sakristei
6 Sänger und Orgel

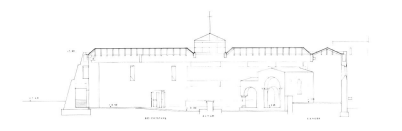

Schnitt D-D.

**Pfarrkirche St. Willibrord**

Südseite ohne Turm.

# Mandern-Waldweiler

Westseite mit provisorischem Treppengeländer.

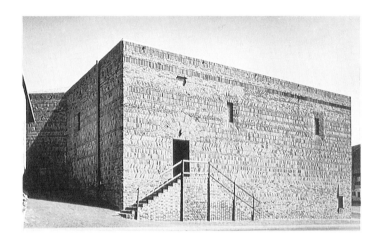

Ansicht Süd- und Westseite.

Nordseite.

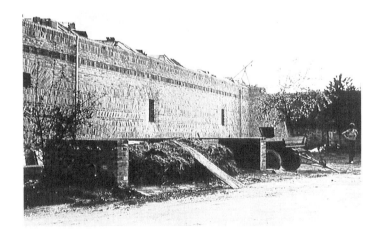

## Pfarrkirche St. Willibrord

Dach mit Bleideckung und
Oberlichtkonstruktion.

Nebeneingang. Raum mit
provisorischem Gestühl.

Chor und Nebeneingang.

Mandern-Waldweiler

Altar und die Reste des
gotischen Doppelchores
mit Sakramentshaus.

**Turm St. Willibrord**

1987

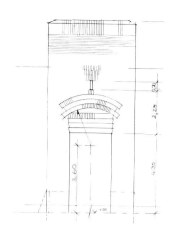
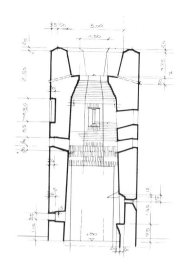
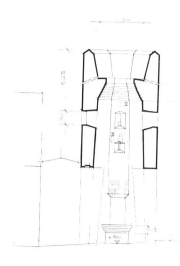

Erster Entwurf, 1972, mit einem Raum, der zum Himmel offen ist.

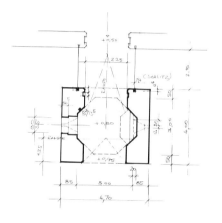

Grundriß.  Maßstab 1:200

Skizzen 1987 mit abgedecktem Turm.

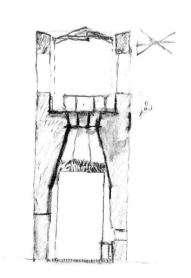
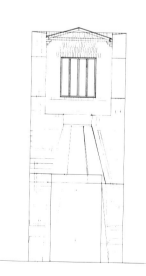

**Mandern-Waldweiler**

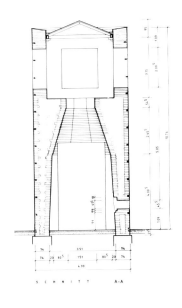

Schnitt A-A.

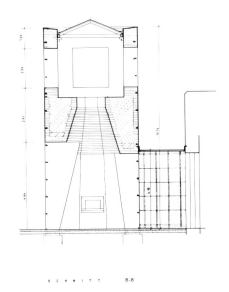

Schnitt B-B.

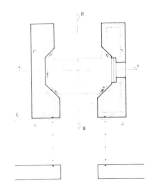

Grundriß Erdgeschoß.

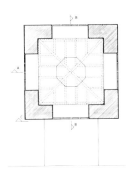

Grundriß Glockenstube.

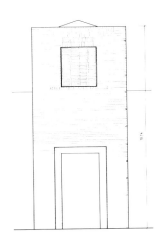

Eingangsansicht.

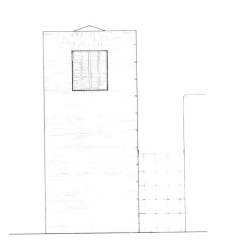

Seitenansicht mit Stahl-Glas Zwischenbau.

## Haus Wilhelm Nagel

1968

„Gemeint war von mir die Abkehr von der Tagesmode, von provinzieller Anwendung der Architekturvorstellungen der Zwanziger Jahre, die man zu Tode vervielfältigt hat, und die Hinwendung zur klassischen Architekturdisziplin".

Auf einem Eckgrundstück am Rande der Stadt in einem Gebiet mit Einfamilienhäusern liegt der Bau ein wenig von der Flucht der angrenzenden Häuser zurückgesetzt. Mit einer den Gartenhof umschließenden Mauer entsteht so die Andeutung eines Platzes und eines Straßenraumes.

Der einfache Baukörper des Giebelhauses mit breitem, bündigem Portikus läßt es wie eine anonyme römische oder den palladianischen zeitgleiche Villa erscheinen.

Die drei hintereinander, quer zur Mittelachse liegenden, tonnenüberwölbten Räume mit den vier gleichgroßen Eckzimmern bilden eine eindeutige Raumordnung aus, einen brauchbaren, aber nicht funktionsorientierten Grundriß. Um das Untergeschoß für eine Werkstatt benutzbar zu machen, ist das Erdgeschoß höher gelegt. Das gibt die Gelegenheit, die marmornen Baderäume, wie in einem antiken Haus, etwas tiefer zu legen und in sie hinabzusteigen. Durch die Höherlegung des Baukörpers erhält das Haus mit dem dreiteiligen Portikus vom Garten her eine erhabene Wirkung.

Der Garten sollte durch seitliche Pergolen architektonisch gefaßt und der Blick auf die Nische an der rückwärtigen Gartenmauer gerahmt werden.

Das Haus ist aus 50 cm starken, massiven Ziegelsteinmauern gebaut, die außen sichtbar gelassen sind und in ihrem Verband die Öffnungen und Baukörperkanten im Sinne der klassischen Bauformen reliefartig andeuten und in Schattenlinien ausbilden

Die Pfeiler der Loggia sind aus alten Feldbrandsteinen geschnitten, die dadurch farbig differenziert werden. Innen sind die Ziegelmauern mit Kalk weiß geschlämmt oder verputzt. Der Fußbodenbelag aus feuerfesten Platten für Fabrikbauten wirkt durch einen ornamentalen Rand aus Marmor sehr kostbar.

Lageplan.
Maßstab 1:1000

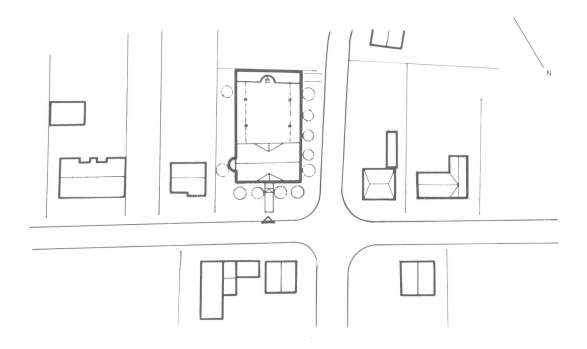

Wesseling-Keldenich

Ansicht Südwest Gartenseite.

## Haus Wilhelm Nagel

Schnitt.

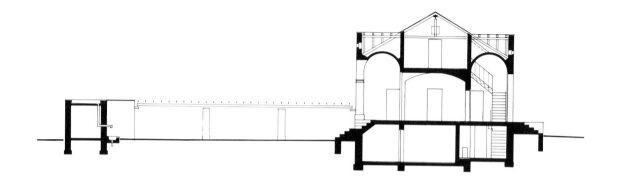

Maßstab 1:200

Grundriß Erdgeschoß.

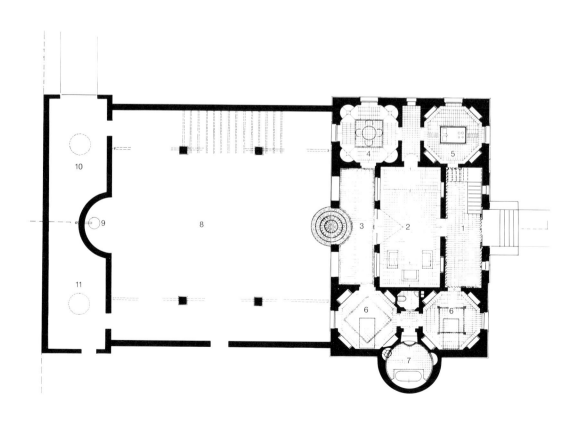

## Wesseling-Keldenich

Erdgeschoß

1 Eingangshalle
2 Wohnraum
3 Gartenhalle
4 Eßzimmer
5 Küche
6 Schlafraum
7 Badezimmer
8 Gartenhof mit nicht ausgeführtem Laubengang
9 Brunnen zur Dachentwässerung
10 Garage
11 Geräte

Kellergeschoß

12 Diele
13 Goldschmiede
14 Lager
15 Vorräte
16 Hausarbeitsraum
17 Umkleide
18 Dusche
19 Sauna

Dachgeschoß

20 Diele
21 Arbeitsraum
22 Gästezimmer
23 Abstellraum
24 Gewölbeaufsicht

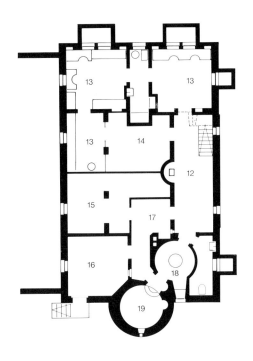
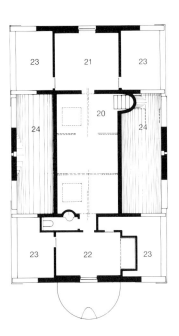

Grundriß Keller- und Dachgeschoß.

## Haus Wilhelm Nagel

## Wesseling-Keldenich

Eingangshalle.

Wohnzimmer.

Loggia.

Straßenseite.

Pfeiler der Loggia.

Gartentreppe und Portikus.

Treppe zum Garten.

Haus Wilhelm Nagel

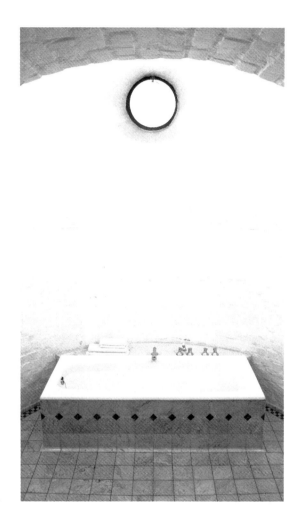

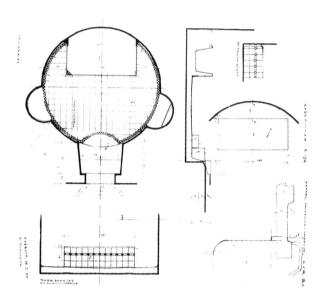

Werkplan. Grundriß und
Schnitt zum Badezimmer.

Badezimmer Erdgeschoß.

Wesseling-Keldenich

## Friedhofskapelle Frielingsdorf

1970

Kapelle und Nebenräume sind um einen quadratischen Hof geordnet, der wie beim antiken Atrium ein umlaufendes, nach innen geneigtes Pultdach auf vier Pfeilern hat. Davon ist bisher nur eine Hälfte gebaut.

Die nach außen geschlossenen Mauern bestehen aus Bruchstein von Grauwacke mit Ziegelstreifen in bündiger Verfugung.

Die Wände der Kapelle haben innen schmükkende Bänder, Wellen und Rosetten in einem Plattenformat der Grauwackesteine.

Die Fensterumrahmungen sind in Backstein gemauert und steinmetzmäßig bearbeitet. Das Dach der Kapelle ruht auf Leimbindern als Sparren, die durch Zugbänder unterspannt werden.

Alle Ausstattungen, wie die verbretterten Türen, der Zementfußboden, die Industriewaschbecken, usw. zeigen extrem einfache Mittel.

Das kraftvolle, farbige Mauerwerk, das mit einem dunklen Schieferdach überdeckt ist, setzt die Meisterschaft fort, die Dominikus Böhm mit dem Kirchenbau der Gemeinde im Jahre 1926 begonnen hatte.

Quer- und Längsschnitte.

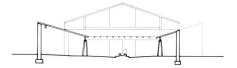
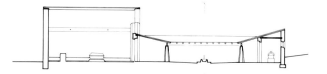

Maßstab 1:500

Grundriß der gesamten Anlage.

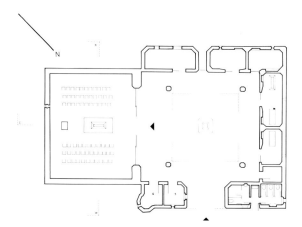

Ansichten.

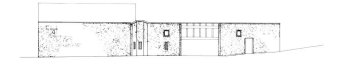

Lindlar-Frielingsdorf

Innenansicht des Giebels. Das Mauerwerk besteht aus Bruchstein von Grauwacke und Ziegelsteinstreifen mit bündiger Verfugung.

**Haus Pahde**

1972

Das Haus ist Teil einer eingeschossigen Reihenbebauung. Die geschlossene Bauweise ermöglichte einen leidlich wirkenden Straßenraum, der aber eigentlich zu weit ist.

Von 350 qm Grundstücksfläche sind 260 qm bebaut. Die gewählte Atriumform gestattet eine hohe Ausnutzung der Fläche.

In das zentrale Rechteck sind vier konisch zulaufende Backsteinpfeiler gestellt. Sie stützen einen kräftigen, umlaufenden Balken, auf dem die zum Atrium hin geneigten Pultdächer liegen. Das massive Ziegelsteinmauerwerk ist außen wie innen sichtbar. Es bestimmt die ruhige, geschlossene Raumwirkung.

Der Fußboden besteht aus einem Ziegelsplittestrich, der durch kleine quadratische, weiße Marmorsteinchen belebt wird. Zwischen die sichtbaren, tragenden Sparren sind ziegeltonfarbene Hourdisplatten gelegt, so daß alle raumbildenen Bauteile im Material gleichartig sind.

Das Atrium ist heute eingewachsen und hat etwas von seiner Strenge verloren. Die vier Pfeiler und die Steinskulptur am Innenhof, die innen eine Sitznische bildet und außen ein Brunnen für die Dachentwässerung ist, sind handwerkliche Kunststücke aus Ziegelsteinen.

Für die Fußböden in Küche und Badezimmer sind Bodenplatten des 19. Jahrhunderts aus Abbruchmaterial verwendet worden.

Lageplan.
Maßstab 1:1000

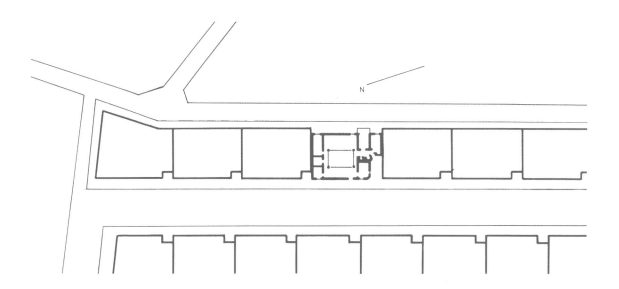

Köln-Rodenkirchen

Straßenfassade nach
Südwesten und Vorhof mit
Klausenturm.

## Haus Pahde

Schnitt.

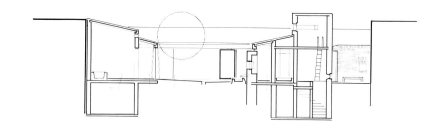

Maßstab 1:250

Grundriß Erdgeschoß.

1 Eingangsraum
2 Wohnzimmer
3 Atrium
4 Badezimmer
5 Schlafzimmer
6 Küche
7 Dusche
8 Treppe zum Keller und Leiter zur Klause.

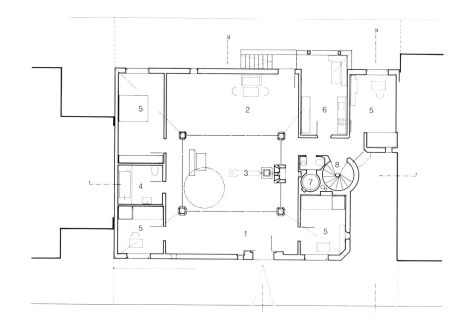

Ansicht Straßenseite.

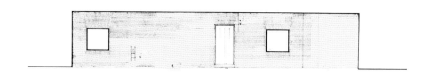

## Köln-Rodenkirchen

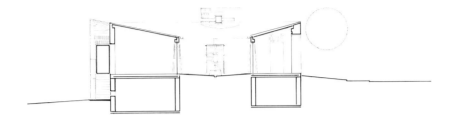

Schnitt.

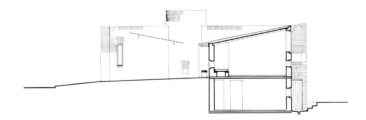

Schnitt durch Vorhof und Kinderzimmer.

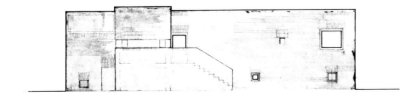

Ansicht Gartenseite nach Südosten.

## Haus Pahde

Backsteinpfeiler und Atrium mit Blick auf die Klause.

Skizzen zum umlaufenden Balken mit Dachanschluß und Backsteinpfeiler.

Köln-Rodenkirchen

Zugewachsenes Atrium
und Oberlicht über dem
Badezimmer.

## Haus Pahde

Wohnraum mit Ziegelsplitt
– Terrazzoboden und
Marmormosaik.

Rechte Seite: Gartenfassade mit Blick Richtung Küchenerker und
Küche innen.

Köln-Rodenkirchen

## Pfarrkirche St. Bonifatius

1974

Die Kirche steht im Blickpunkt zweier, sich kreuzender Straßen. Zwischen ihr und dem geplanten Jugendheim wird ein Platz entstehen, der durch das dahinterliegende Pfarrhaus optisch abgeschlossen ist.

Der Grundriß des Kirchenraumes ist ein leicht gestrecktes Achteck, das in seiner Form den Zentralraum ein wenig richtet und nicht stumpf wirken läßt. Darüber breitet sich als eigene konstruktive Einheit auf je drei Stützpfeilern an den Giebelseiten das in seiner Grundform rechteckige, große Satteldach. Aus der abgeschleppten Dachfläche der Kirche, welche die vorgelagerte Sakristei überdeckt, ragt der romanisch blockhafte Glockenturm auf. Die Mauern wurden in Grauwacke nach römischem Vorbild zweischalig um einen Mörtelkern ausgeführt. Lagen schräggestellter, plattenförmiger Struktur wechseln mit ungleich großen, im Verband gemauerten Steinen ab. Die Mauer ist bündig verfugt.

Gebäudeecken, Tür- und Fenstereinfassungen sind durch größerformatige, steinmetzmäßig bearbeitete Steine betont. Die mächtigen Pfeiler sind in Ziegelsteinen gemauert.

Der 2 m hohe Firstbalken, die Pfetten und die Sparrenbinder sind geleimte Hölzer und harmonieren farblich zu Grauwacke und Ziegeln.

Lageplan.
Maßstab 1:2000

1 Kirche
2 Pfarrhaus
3 Jugendheim
  (nicht gebaut)

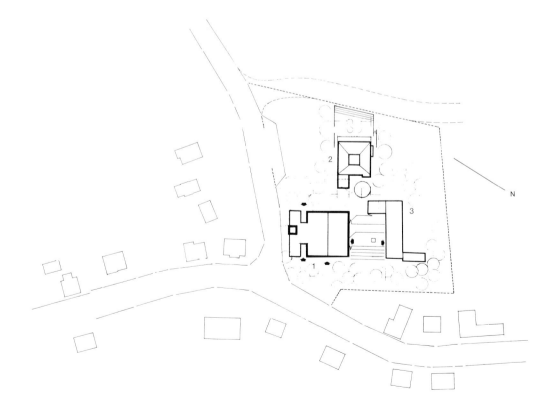

# Wildbergerhütte-Reichshof

Hauptzugang und Ansicht
der Kirche.

## Pfarrkirche St. Bonifatius

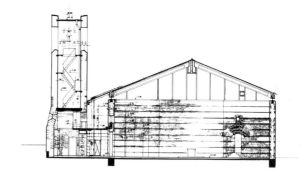

Schnitt durch den Turm und die Marienkapelle.

Maßstab 1:500

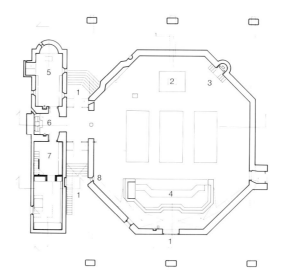

Grundriß.

1 Eingang
2 Altar
3 Tabernakel
4 Orgel und Sänger
5 Werktagskapelle
6 Marienkapelle
7 Sakristei und Priestersakristei
8 Betnische

Der Boden der Kirche liegt 1 m tiefer gegenüber dem Eingangsniveau.

Schnitt mit Blick auf den Chor.

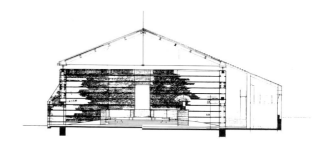

# Wildbergerhütte-Reichshof

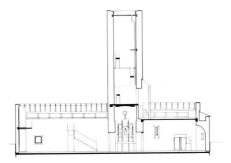
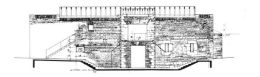

Links: Quer- und Längsschnitt durch die Sakristei.
Am Fuß des Turmes Marienaltar der Vorgängerkirche.

Oben: Schnitt durch den Zwischenbau.

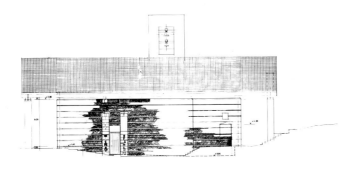

Ansicht von Nordwesten.

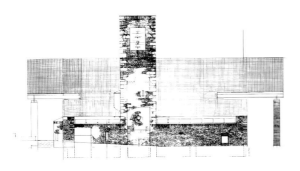

Ansicht von Südosten.

## Pfarrkirche St. Bonifatius

Ansicht des Turmes und
Decke der Marienkapelle
im Turm.

Seiteneingang und Detail
des Mauerwerks der
Kirchenwand.

## Wildbergerhütte-Reichshof

## Pfarrkirche St. Bonifatius

Tabernakelnische und Innenraum. Das Mauerwerk besteht aus Bruchstein von Grauwacke und Ziegelsteinstreifen in bündiger Verfugung.

## Wildbergerhütte-Reichshof

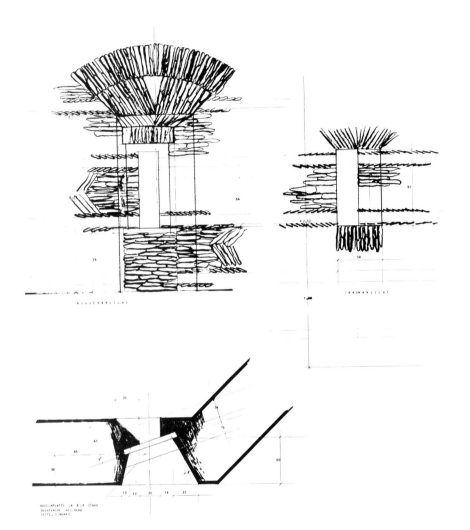

Detailzeichnungen und
Außenseite der Betnische.

**Haus Klöcker**

1975

Das Haus am Ende des Ortes ist an den Berghang mit einem großen, abgeschleppten Dach gedrückt. Ein Garagenanbau mit Pultdach, ein Glaserker und ein Zwischenraum sollen eine ländlich malerische Wirkung hinzufügen.

Der Wandbehang aus roten Dachziegeln führt die Tradition der verschieferten Fachwerkwände im Bergischen Land mit anderem Material fort.

Der Grundriß zeigt eine Mittelflurhalle. Stufen führen aus der Eingangsdiele in den um 1,60 m tiefer liegenden Wohnraum. Ein schmaler, begleitender Flur verbindet galerieartig den vorgeschobenen Eßplatz-Erker mit dem Treppenvorplatz. Die Zimmer sind seitlich an die Treppenhalle angehängt.

Die tragenden Mauern bestehen aus Schwerbeton-Hohlblocksteinen. Der Ziegelbehang auf Lattung und Konterlattung schützt die Wärmedämmung.

Alle in den Innenräumen sichtbaren Mauerteile sind mit einem 5 mm dicken Kalkputz überzogen, der das Fugenbild noch erlebbar sein läßt. Auf den noch nicht abgebundenen Putz wird eine Schlämme aus Kalk und Marmorstaub dünn aufgetragen und mit dem Glätter angedrückt, so daß ein leichter Glanz entsteht.

# Lindlar-Hohkeppel

Straßenansicht und
Vorplatz.

**Haus Klöcker**

Ansicht vom Garten.

## Lindlar-Hohkeppel

Stützendetail der Vordächer.

Küchenhof und Erker am Eßraum.

## Haus Klöcker

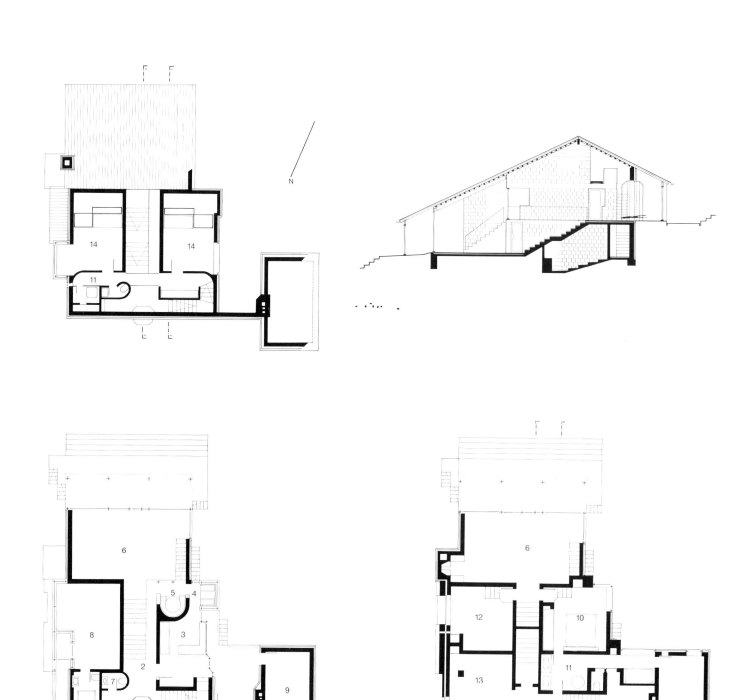

# Lindlar-Hohkeppel

Obergeschoß

11 Badezimmer
14 Kinderzimmer

Schnitt.

Maßstab 1:250

Erdgeschoß

1 Eingang
2 Treppenhalle
3 Küche
4 Eßerker
5 Eßnische
6 Wohnraum
7 WC
8 Einliegerwohung
9 Garage

Untergeschoß

10 Elternzimmer
11 Bad
12 Arbeitsraum
13 Kellerraum

Flurhalle.

## Haus Stein

1976

Die Umgestaltung eines Kataloghauses aus Stahlfachwerk vom Beginn des Jahrhunderts und eines Gartenhofes zu einer Raumfolge zeigt die Kunst, einen öden, nichtssagenden Ort in eine menschliche Umgebung zu verwandeln.

Mittelpunkt der Komposition ist der ovale Hof mit nach innen geneigtem Pultdach, der die zueinander geknickten Achsen des Hauses und des Gartens verknüpft. Die ovale Kurve ändert unmerklich die Richtung des Hauses. Der in die Hofmauer eingebaute Pavillon schafft eine räumlich-plastische Schwelle vom Hof zum Garten und ist Ausgangspunkt wie Rahmen für eine inszenierte Fernwirkung, die durch zwei Reihen Koniferen betont wird und an einer kleinen Venusfigur im Hintergrund den Blick enden läßt. Inzwischen wurde der Garten geteilt, und eine Mauer mit Konche ist nun Endpunkt der Achse.

Die Hofmauern sind in der Technik des römischen Mauerwerkes zweischalig ausgebildet. Holländische Pflasterklinker wurden in der Mitte geteilt und mit dazwischenliegender Mörtelfüllung in diagonalem Muster vermauert.

Für das bestehende Haus wurde in verschiedenen Varianten versucht, den durch Wände extrem aufgesplitterten Raum mittels halboffenen, kreisrunden oder ovalen Zellen zusammenzufassen und zu gliedern. Als Nutzung stand eine Kunstgalerie zur Diskussion.

Den Raummodul bildete der runde Erker, der durch Ausmauern verkleinert wurde, um den übrigen Raum im Kontrast größer erscheinen zu lassen. Der eliptische Hof, der ursprünglich nicht vorgesehen war, entstand als gestalterische Fortsetzung des Zellenmotives der Innenräume.

Der entgültige Entwurf wurde vereinfacht. An eine Wohnhalle schließen sich nun Bibliothek, Eßraum und Küche an sowie ein Badezimmer, das nach außen zur Halle hin als Skelettkonstruktion aus schwarzgefärbtem Holz mit dazwischengestellten Marmortafeln erscheint. Der Kontrast zwischen der gußeisernen, rotgestrichenen Badewanne in einer Halterung aus Rundstahl und den gesägten, edel wirkenden Marmorplatten wirkt trotz der scheinbaren Unvereinbarkeit ausgewogen. Der übliche Harmoniebegriff wird so erweitert. Dazu tragen auch die mit Marmormehl versetzten Kalkputze bei, die in der Wohnhalle und den Zimmern ein Gefühl der Ruhe wie der Lebendigkeit vermitteln.

**Wesseling**

Gartenhof und Pavillon.

## Haus Stein

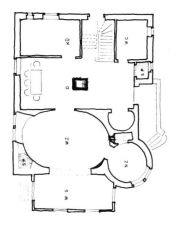 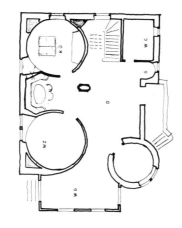 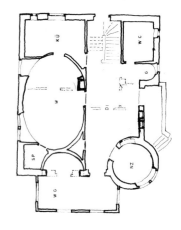
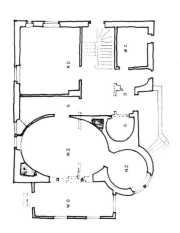 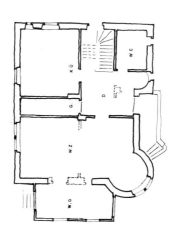 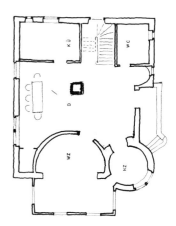

6 Vorentwürfe zur Änderung des Grundrisses.

Maßstab 1:250.

# Wesseling

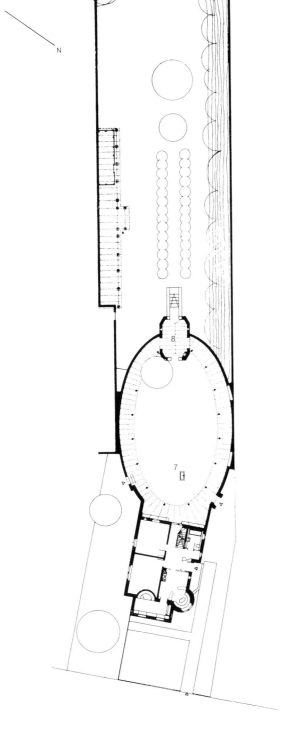
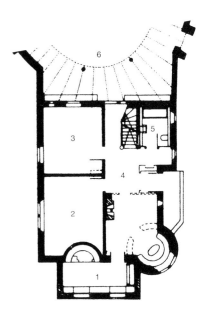

Grundriß Erdgeschoß.
Maßstab 1:250.

1 Bibliothek
2 Eßzimmer
3 Küche
4 Diele
5 Badezimmer
6 Hof
7 Brunnen
8 Pavillon

Plan der Außenlage.
Maßstab 1:500.

Haus Stein

Wesseling

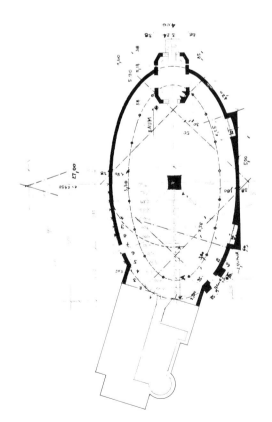

Links: Blick vom Pavillon in den Garten.

Oben: Gekrümmte Hofmauer im zweischaligem Mauerwerk.
Pavillon Blick vom Garten.

Zeichnung: Grundriß Konstruktion des ovalen Hofes.

## Haus Stein

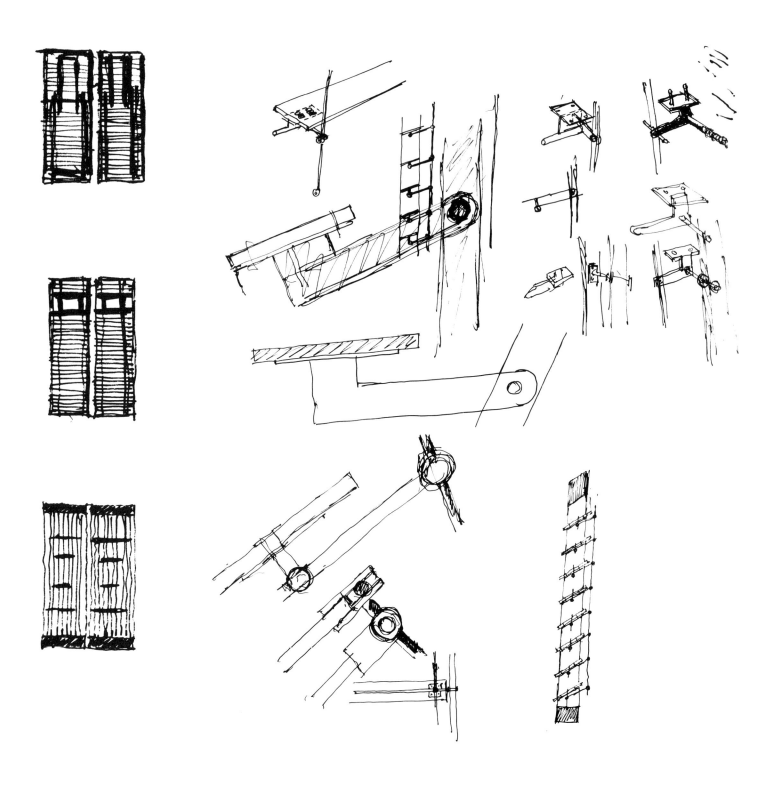

**Wesseling**

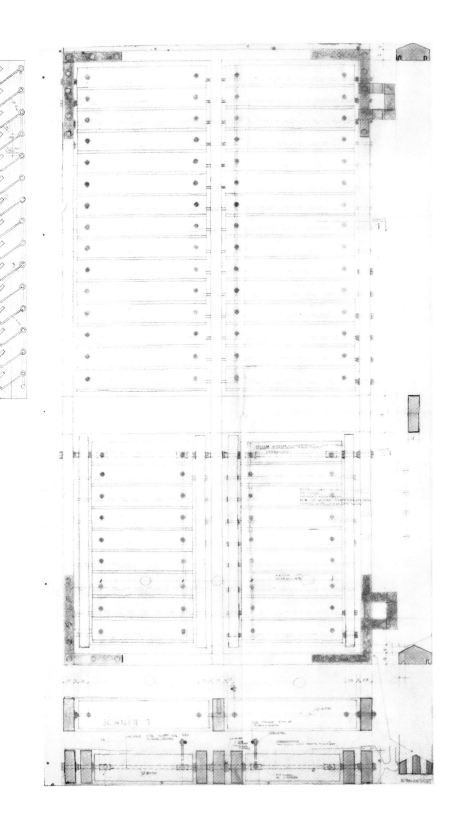

Links: Skizzen zum
Fensterladen.
Konstruktionszeichnung
der Verstellmechanik.

Oben: Ausschnitt Fenster-
laden am Wohnhaus.

## Haus Stein

Badezimmer im Erdgeschoß.

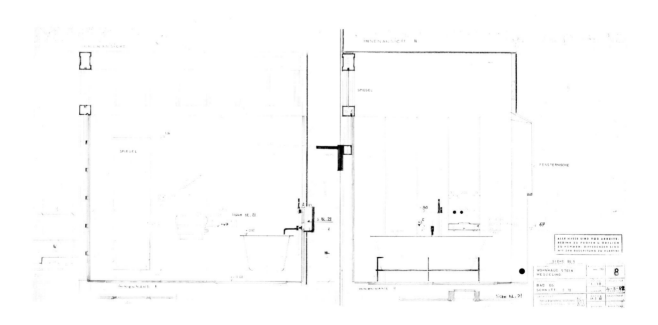

# Wesseling

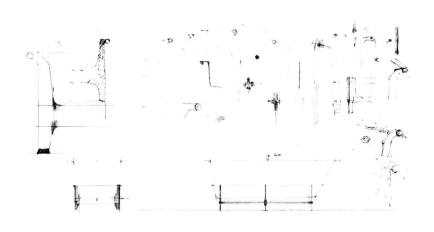

Oben: Skizze des Badewannengestell.

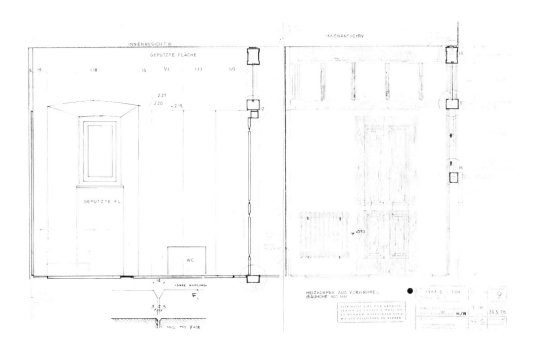

Links: Wandabwickelung Badezimmer. Gezeichnet im Maßstab 1:10.

Haus Stein

Diele mit Blick auf das Badezimmer

**Wesseling**

Erker in der Diele mit den alten Fenstern.

Sitznische im Bibliothekszimmer.

**Haus Schütte**

1978

Eine ruhige, geschlossene Ziegelmauer ist das Gegenbild zu dem Potpourri freistehender Einzelhäuser ohne jeglichen räumlichen Zusammenhalt in einem Neubaugelände.

Hinter dieser Mauer entwickelt sich das Haus auf der 800 qm großen Grundstücksfläche mit Wegen und Innenhöfen in abwechslungsreicher Lichtführung wie ein Stadtorganismus im Kleinen und findet seine Mitte in einer, gegenüber der Straße um 60 cm abgesenkten Wohnhalle und einem Garten, der ebenfalls ringsum von einer 2,40 m hohen Mauer umgeben ist.

Die querliegende Eingangsdiele wirkt wie ein Platz, von dem Kinder-, Gästezimmer und Bäder in verschiedenen Ebenen zugänglich sind. Ein um 2 m tiefer liegender Innenhof trennt diesen Kinderteil von dem Elternhaus und ermöglicht, abgesehen von der großzügigen Raumwirkung, eine Wohnnutzung für das Kellergeschoß.

Der Mittelflur vom Eingang bis zur zweigeschossigen Wohnhalle gliedert den Grundriß eindeutig und sorgt für Orientierung. Auf der einen Seite liegen Küche und Küchenhof, auf der anderen der Eßraum und ein kreisrundes Kaminzimmer.

Das wechselnde Licht, der Ausblick in den Hof und die Treppe in die tieferliegende Wohnhalle geben diesem Flur das Gefühl einer abwechslungsreichen Straße.

Wie ein Zelt auf dünnen Stahlstützen überdeckt das sichtbare, aufgedoppelte Sparrendach die Wohnhalle, die im Kontrast zu den blockhaften Backsteinmauern an drei Seiten völlig verglast ist.

Lageplan.
Maßstab 1:1000

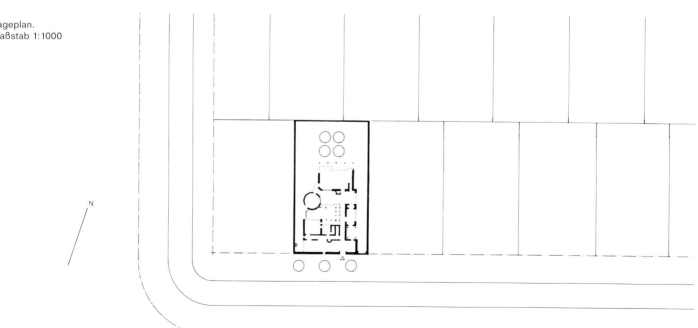

# Köln-Müngersdorf

Ansicht der Straßenfassade.

# Haus Schütte

Schnitt 2-2 durch Bad und Kinderzimmer.

Maßstab 1:250

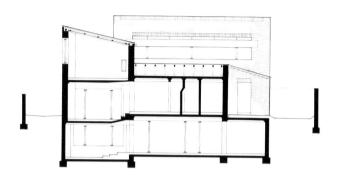

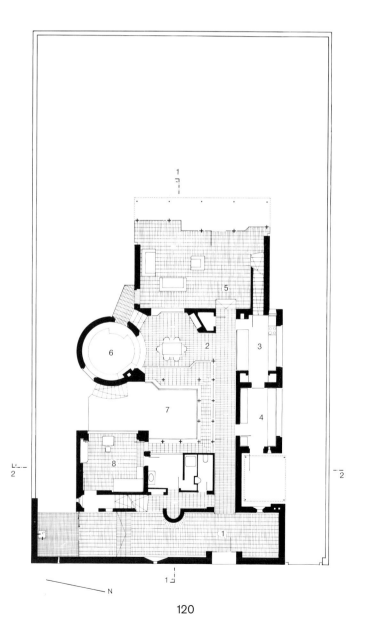

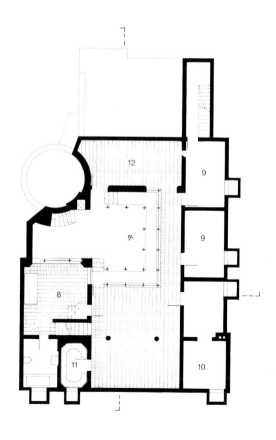

# Köln-Müngersdorf

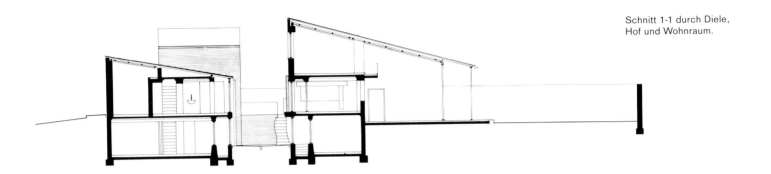

Schnitt 1-1 durch Diele, Hof und Wohnraum.

Erdgeschoß

1 Halle
2 Eßzimmer
3 Küche
4 Hauswirtschaftsraum
5 Wohnraum
6 Kaminzimmer
7 Hof
8 Kinderzimmer

Kellergeschoß

9 Kellerraum
10 Technik
11 Speisezimmer
12 Arbeitsraum

Obergeschoß

13 Elternzimmer mit Bad
14 Terrasse

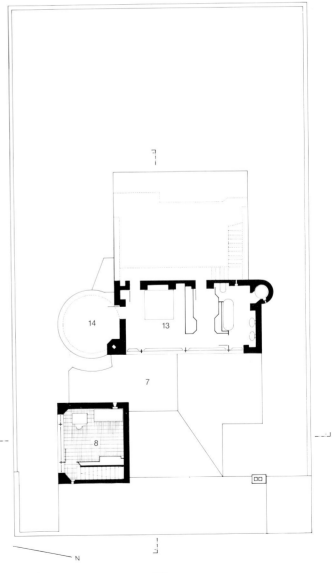

## Haus Schütte

Eingangstür

Flur, Blick in Richtung Eingangstür.

Wohnraum

Blick auf Glasfassade des Wohnraums vom Garten.

Köln-Müngersdorf

## Haus Schütte

### Köln-Müngersdorf

Links: Innenhof.

Rechts: Ansicht Südseite mit Kaminzimmerrotunde und Verbindungsgang zum Wohnraum.

Innenhof. Blick vom Eßzimmer.

Brunnen und Dachentwässerung.

## Haus Schütte

Treppe im Wohnraum und
Detailzeichnung des
Treppenpfostens.

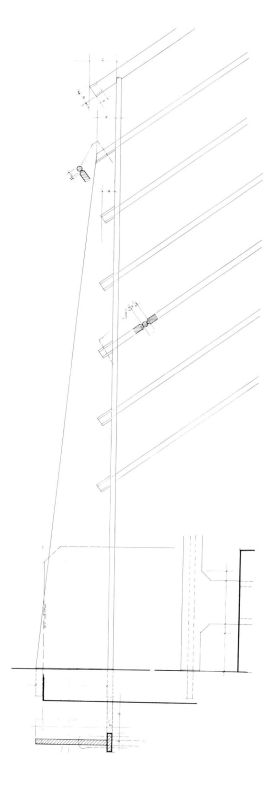

# Köln-Müngersdorf

Konstruktionszeichnung
der Backsteinmauern im
Kaminraum.

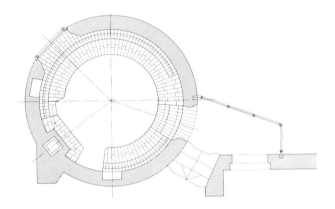

Eßraum.

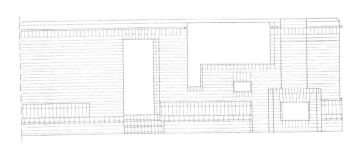

Kaminzimmer.

Maßstab 1:100

**Museum Ludwig**

1979

Für die Lage des Museums in einem Park mit reichem Baumbestand wurden drei räumliche Situationen miteinander verknüpft, die für das vielfältige Raumprogramm ein künstlerisches Erlebnis vermitteln, ohne daß einer der vorhandenen Bäume hätte gefällt werden müssen.

In dem freien Gelände über der Tiefgarage liegt ein mehrschaliger, kreisförmiger Zentralbau. Eingang und Foyer bilden eine äußere Schale um Bibliothek und Lesesaal als kreisrunden Raum. In einer weiteren Schale und kreuzförmig anschließenden Sälen sind die mittelalterlichen Sammlungen untergebracht. Aus der Mittelachse führt in weitem Bogen zwischen dichten Baumgruppen ein überdeckter Weg, der an seiner konkaven Seite völlig verglast ist und moderne Kunst enthält, und an dessen konvexer Peripherie sich schatzhausartig kleinere, geschlossene Räume für die Kunstwerke des 16. bis 18. Jahrhunderts reihen.

Der Weg, der Orientierungshilfe ist, mündet in einen abgesenkten Bau, der Theater-, Vortragssaal und Nebenräume enthält.

Ein bomarzzianischer Lustgarten aus Erdformationen schließt das architektonische Ensemble ab. Ihm steht vor dem Zentralbau auf dem Vorplatz eine Budenstadt für die juryfreien Künstler gegenüber.

Aachen

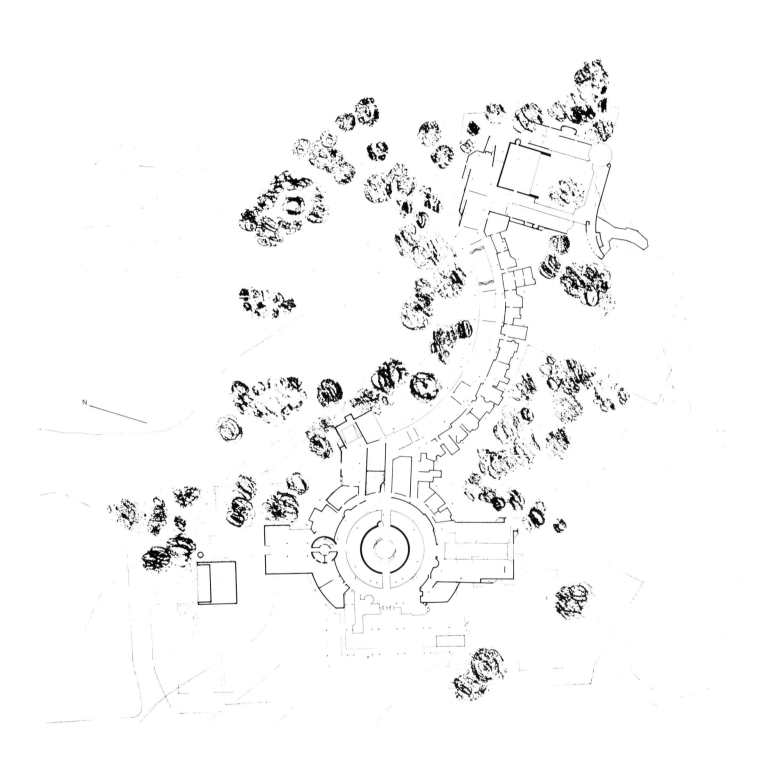

**Opera de la Bastille**

1983

Die neue Oper wird in die Stadt integriert, und eingebaut zwischen die Wohnhäuser der Umgebung wie eine mittelalterliche Kirche. Der große Quader mit dem Eingang und den Räumen der Probebühne darüber schließt den Platz und nimmt die Straßenfluchten auf. Er bildet das Gegenstück zum Revolutionsdenkmal, das in der Mitte des Place de la Bastille steht.

Die anschließenden Straßen bleiben ohne Überbauungen, und die Baukörper der Oper schliessen terrassenförmig an die Wohnhäuser an. Die Ecke der Rue de Charenton wird durch ergänzende Wohnhäuser geschlossen.

Zwei große Treppenläufe führen auf das Dach der Oper, wo ein Freilichttheater auf die Weite des Platzes ausgerichtet den öffentlichen Charakter des Bauwerkes unterstreicht.

Die Experimentierbühne an der Rue de Lyon ist zurückgesetzt und schafft einen kleinen Platz zusammen mit dem Eingang, der auf das Quartier Revilly räumlich ausgerichtet ist. Die gesamte Erdgeschoßebene ist in allen Richtungen offen und als 8 m hohe Halle ausgebildet. Sie schließt direkt an den kreisrunden Place de la Bastille an.

Um die Verschiebung der riesigen Bühnenbilder für den Publikumsverkehr störungsfrei zu ermöglichen, wurden die Transportwege über, bzw. unter dieser Halle angelegt. Andererseits soll die großartige Wirkung der farbigen, monumentalen Kulissenbilder ausgenutzt werden. Dafür sind die riesigen Aufzüge in Glas gedacht, so daß man im Vorübergehen die Bilder sehen kann.

Massive Sandsteinpfleiler gliedern den Hallenraum und markieren Platzfolgen, begleitet von Wänden und Decken aus farbigen Stucco Lucido Putzen.

An dem Halbrund der Bühne vorbei führen Treppen in das Foyer, das als mehrgeschossige Halle durch Umgänge gegliedert ist. An die Arena des Saales schließen zurückgestufte Ränge an mit aneinandergereihten Logen, ähnlich den barocken Theatern.

Auf dem Dach liegen neben dem Freilichttheater, die Experimentierbühne, Studios, Verwaltung, Werkstätten usw.

Alle Bauteile sind außen in Kalksteinquadern ausgeführt. Nur der große, geschlossene Würfel zum Platz hin sollte mit einem Mosaik aus vergoldeten Tonplättchen verkleidet werden. Dieser glänzende Goldkörper hätte den massiven Bauten etwas theaterhaft Immaterielles entgegengesetzt, das durch türkisgrüne und violettfarbige, laufende Neonschrift überhöht worden wäre.

Paris

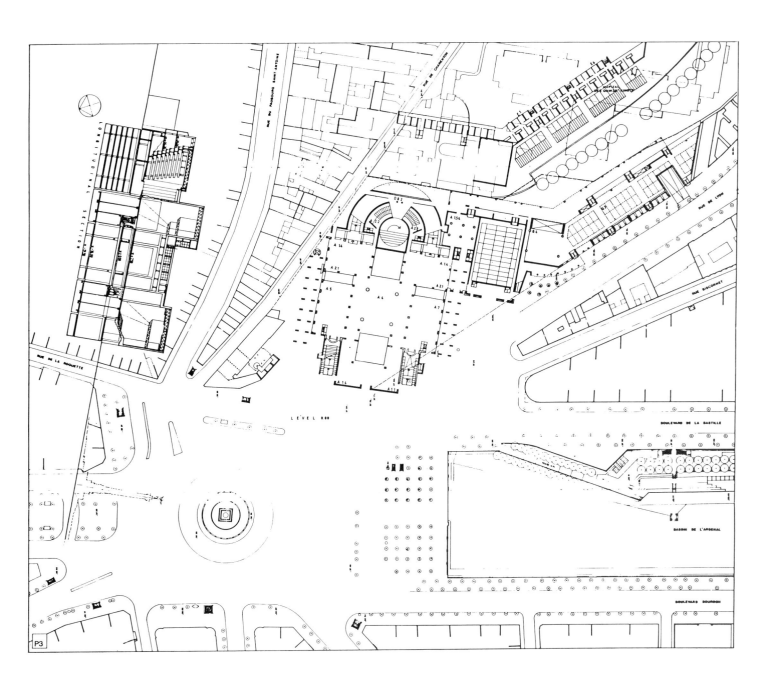

Grundriß Erdgeschoß und
Längenschnitt durch den
Bühnenraum.

## Opera de la Bastille

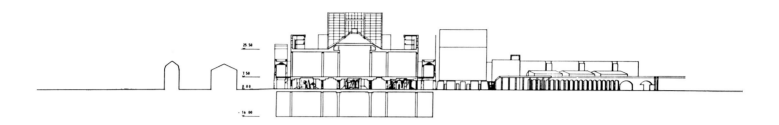

Querschnitt durch den Bühnenraum und Ansicht der Nebengebäude in der Rue de Lyon.

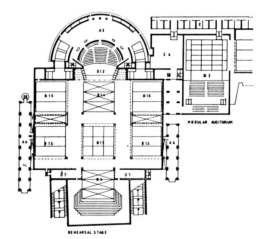

Grundriß Obergeschoß.

Ansicht vom Place de la Bastille.

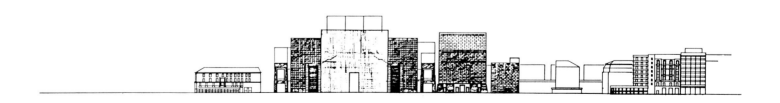

# Paris

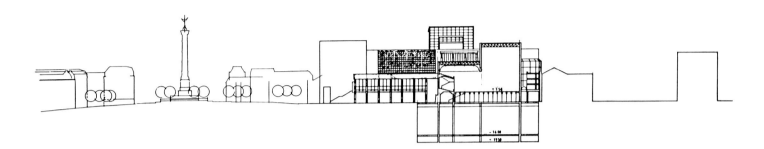

Längenschnitt durch die Werkstattbühne.

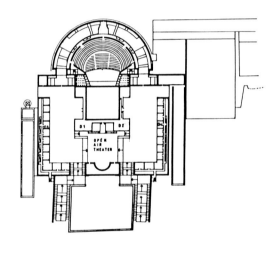

Grundriß Obergeschoß mit Freilichtbühne.

Ansicht von der Rue de Charenton.

## Haus Reich-Specht

1983

Das Haus liegt am Rande der Stadt Arnsberg abseits der Verkehrsstraße am Fuße eines bewaldeten Höhenrückens, an einer Seite von einem Bach begrenzt.

Das vorhandene Wohnhaus war ein dänisches Fertighaus aus dem Jahre 1958. Das Dachgeschoß wurde entfernt und in ein Obergeschoß mit einem schmalen und flachen Giebel und einer vorgelagerten Terrasse umgewandelt. Das Ergeschoß erhielt durch einen Mittelflur eine neue Ordnung. Der Außenputz wurde durch eine Backsteinmauerschale ersetzt.

Ein Glashaus, das ursprünglich als Orangerie gedacht war, wurde an das Wohnhaus angefügt.

Abgeschlossen wird der geplante Hof durch eine noch nicht ausgeführte Mauer mit verglaster Galerie und einem, nach außen angesetzten, geschlossenen Bibliotheksturm.

Das Glashaus steht als Mittelpunkt der Anlage im Schnitt zweier Achsen. Die Längsachse des Glashauses erhält außerhalb der Mauer einen Endpunkt durch einen Brunnen, die Querachse führt durch das Haus zum Bach. Zusammen mit den Mauern entsteht ein stufenweiser Übergang vom Bau zur Natur.

Die Stahlkonstruktion des Glashauses verwendet zwei Prinzipien für die Darstellung der Lastverteilungen im Gefüge: horizontale Übergänge sind als Überlagerungen ausgebildet, vertikale durch Hinzufügen weiterer T-Profile, welche die horizontalen Glieder durchdringen. Die einzelnen Bauteile sind durch Verschrauben zusammengefügt.

Beim Stützenkopf ist zwischen dem horizontalen Träger und der vertikalen Stütze ein drittes Element eingesetzt, das mit einer Platte und einer Kreuzstütze die Nahtstelle trennt und mit der Schattenbildung die Negativform eines Kapitells sein könnte.

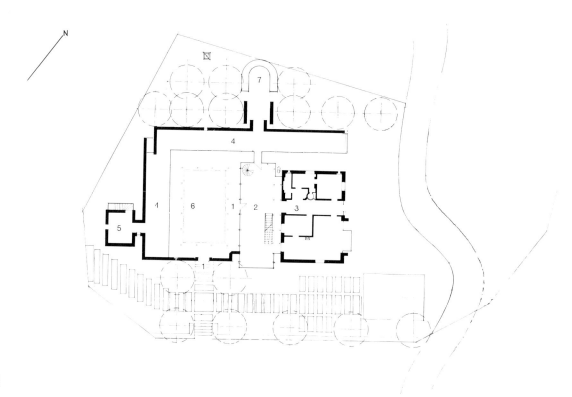

Grundriß.
Maßstab 1:500

1 Eingang
2 Glashaus
3 Vorhandenes Wohnhaus umgebaut
4 Verglaste Galerie
5 Bibliotheksturm
6 Hof
7 Nymphäum

Arnsberg

Ansicht von Südosten.

## Haus Reich-Specht

Ansicht der Südostseite.

Skizzen Vorentwurf.
Maßstab 1:250

Ansicht von Nordwesten.

# Arnsberg

Ansicht der Nordostseite.

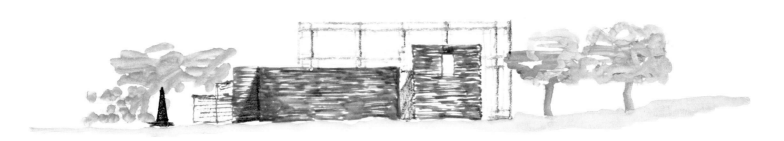

Ansicht von Südwesten
mit Bibliotheksturm.

## Haus Reich-Specht

Glashalle im Rohbau.

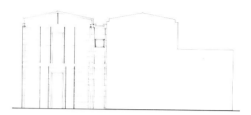

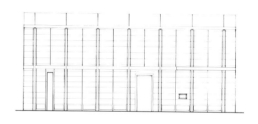

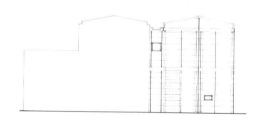

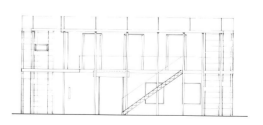

Schnitte Glashalle.
Maßstab 1:250

# Arnsberg

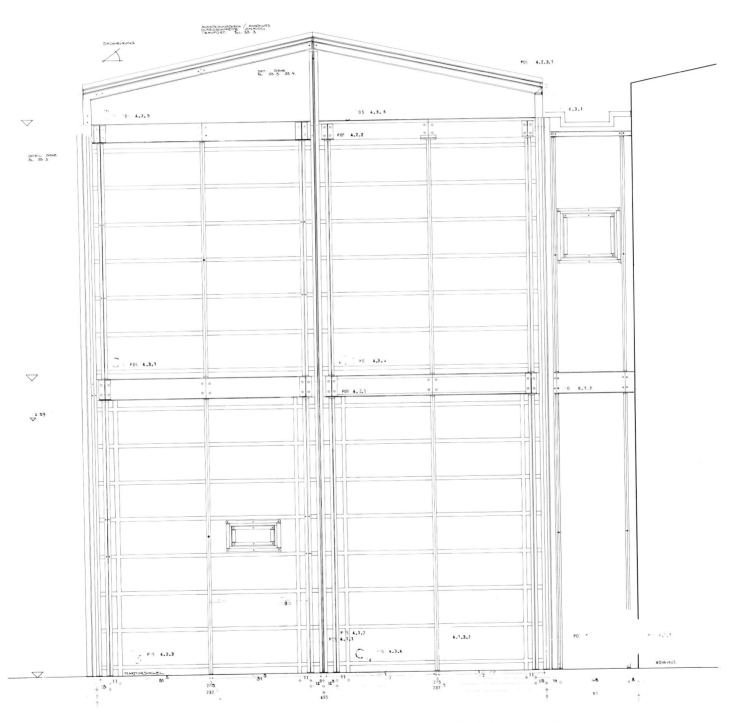

Konstruktionszeichnung des Südostgiebels Glashalle.

## Haus Reich-Specht

Galerie in der Glashalle.
Marmorscheiben als
Brüstung.

# Arnsberg

Detail Südostgiebel.

Deckendetail Galeriegeschoß.

Innenansicht der Dachkonstruktion.

**Haus Bähre**

1984

Das Haus liegt in einem kleinen Ort zwischen Hildesheim und Hannover. Das halbwegs intakte Ortsbild um das Baugrundstück mit Wohnhäusern, Scheunen, schönem Baumbestand und einer Baumgruppe mit Gedenkkreuz an der Straßenkreuzung bestimmte den Entwurf des schmalen, langgestreckten Giebelhauses, das mit einem Querbau die Häusergruppe abschließt und den Straßenraum definiert.

Ein noch zu erstellendes, pavillonartiges Eßzimmer grenzt den privaten Gartenbereich ein, und vollendet den Raumgedanken.

Der Ziegelsteinbaukörper des Hauses wird durch das vorstehende Dach auf dünnen Stahlstützen zurückgenommen. Dadurch wird ein zusätzlicher Freiraum für die Baumgruppen geschaffen, und diese erhalten den Charakter eines Haines.

An den differenziert gegliederten Längsseiten bildet die beidseitige Stützenreihe Maßstab, Ordnung und Distanz, aber auch ein Gefühl der Offenheit sowie eine Schattenzone.

Das Haus wird durch die zentrale Diele geordnet, die man von der Traufseite her betritt. Die Diele macht den Hauskörper bis in den Dachbereich erlebbar. Von ihr aus erschließt sich eine einfache Raumfolge der links und rechts anhängenden Zimmer.

Auf der Gartenseite ist, ähnlich dem Verbindungssteg in der Diele, ein Steg aus Beton aufgelegt.

Am Nebenhaus mit eigenem Eingang sind an die zwei Räume zur Straße hin erkerartig Bad und Kochnische als Stahlblechkonstruktion mit farbigem Anstrich angefügt. Dies und die überdeckte Dachterrasse gibt dem Baukörper einen eigenen Charakter. Mit dem Haupthaus ist er zwar verwandt, gestalterisch jedoch im Kontrast durchgebildet.

Lageplan.
Maßstab 1:1000

Rechts: Südwestansicht.

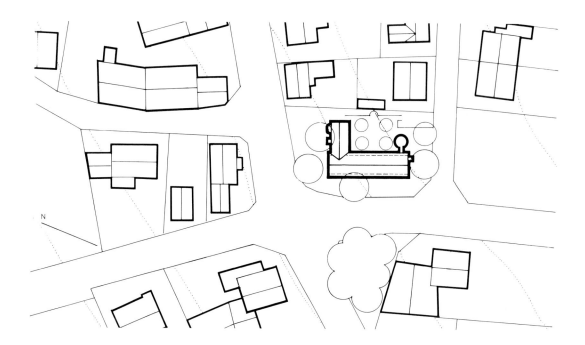

Algermissen

## Haus Bähre

Ansicht Gartenseite.

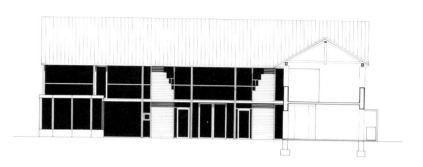

Grundriß Erdgeschoß.
Maßstab 1:250

1 Eingang
2 Eingangshalle
3 Wohnraum
4 Küche
5 Eßraum
6 Arbeitsraum
7 WC
8 Eingang Einliegerwohnung
9 Wohnraum mit Kochnische
10 Schlafraum mit Badnische

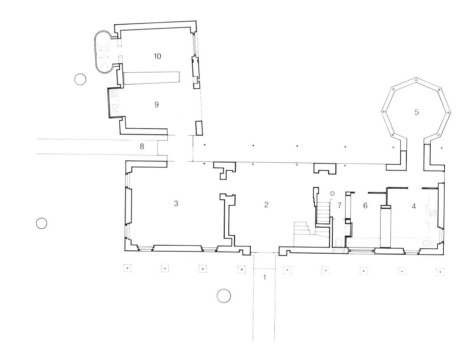

Ansicht Straßenseite.

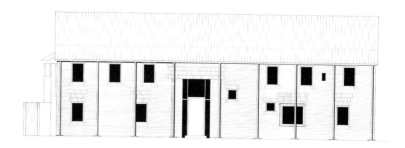

# Algermissen

Südansicht.

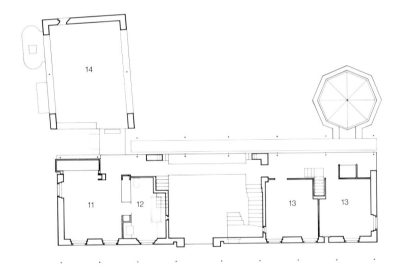

Grundriß Obergeschoß.

11 Elternzimmer
12 Bad
13 Kinderzimmer
14 Terrasse

Nordansicht.

## Haus Bähre

Algermissen

Eingang Ostseite und
Eingangshalle mit
Verbindungssteg.

## Haus Bähre

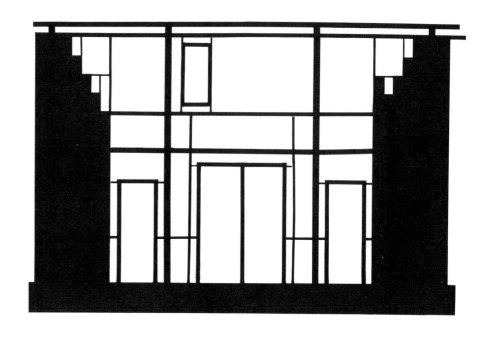

Oben: Blick von der Eingangshalle in den Garten.

Silhouettenzeichnung und Ausführungszeichnung der Glasfassade.

Rechts: Ansicht Gartenseite.

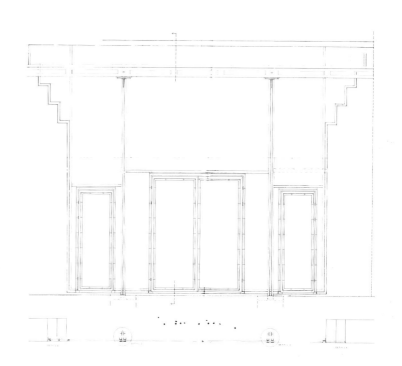

Algermissen

## Haus Bähre

Nordwestfassade

Blick auf den Einlieger-
eingang sowie der
farbigen Bad- und Koch-
nische.

# Algermissen

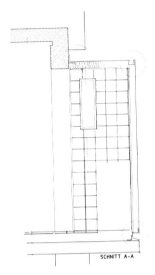
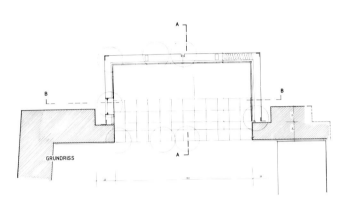

Schnitt und Grundriß der
Koch- und Badenische.

Maßstab 1:50

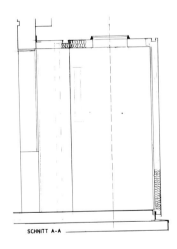
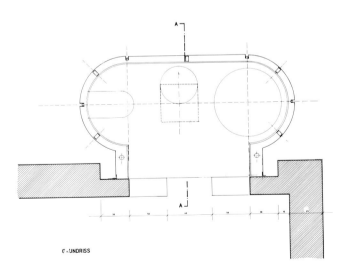

**Haus Groddeck**

1984

Für das Neubaugebiet am Rande der Kleinstadt mit mäßiger Hanglage war eine eingeschossige Bauweise, die Traufhöhe und die Dachneigung festgelegt.

Wie ein großes Zelt überspannt das weit überstehende Dach auf dünnen Stahlstützen und einem feingliedrigen Stahlträger den Hauskörper. Über einem gemauerten Erdgeschoß steht allseitig zurückgestuft ein Obergeschoß in Stahl und Glas, so daß wie bei einem großen Hofgebäude der Alpen eine Galerie die Räume nach außen erweitert.

Der traufseitige Zugang und Vorplatz führt in eine weiträumige Querdiele, die zusammen mit dem Wohnraum ein achsial betontes Zentrum bildet. Die zweigeschossige Diele, an die im Obergeschoß die einzelnen Familienräume angeschlossen sind, ist so etwas wie der Theaterraum des Hauses, an dem sich das gemeinsame Leben abspielt. Aus ihm kann man sich in den relativ niedrigen, mit einem weiten Glasvorbau nach außen offenen Wohnraum zurückziehen.

Von der inneren Obergeschoßgalerie aus erschließt sich in einem Durchblick die ganze Weite des Raumgefüges vom First im Dachraum über die Traufen zum Garten hin auf eine bewaldete Hügellandschaft.

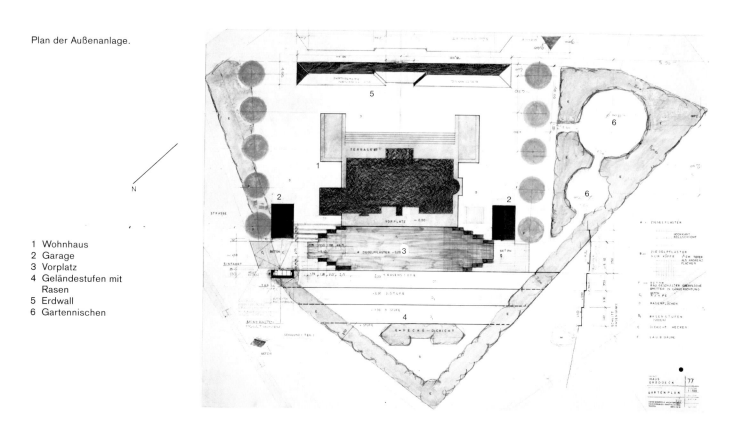

Plan der Außenanlage.

1 Wohnhaus
2 Garage
3 Vorplatz
4 Geländestufen mit Rasen
5 Erdwall
6 Gartennischen

Bad Driburg

Südostansicht.

## Haus Groddeck

Nordansicht.

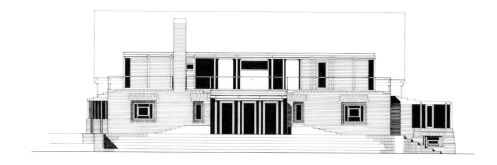

Maßstab 1:250

Grundriß Erdgeschoß.

1 Eingang
2 Eingangshalle
3 Wohnzimmer
4 Küche
5 Bibliothek
6 Einliegerwohnung

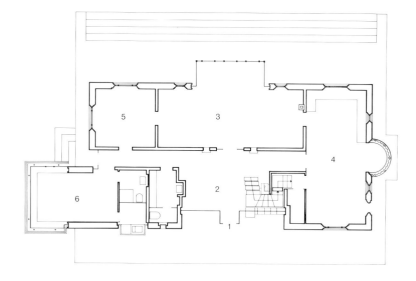

Südansicht.

# Bad Driburg

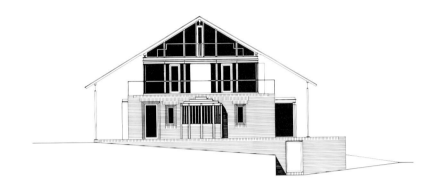

Ostansicht.

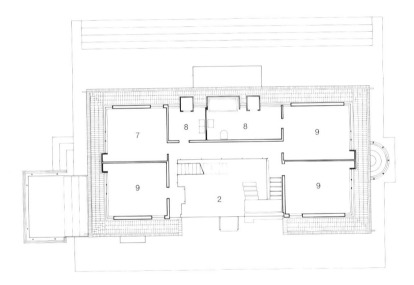

Grundriß Obergeschoß.

7 Elternzimmer
8 Bad
9 Kinderzimmer

Westansicht.

## Haus Groddeck

Eingangsfassade mit
Küchennische der
Einliegerwohnung.

# Bad Driburg

Westansicht.

Küchenerker Innenseite mit Prismatisch gefalteter Verglasung.

# Haus Groddeck

Ansicht der Geschoßtreppe.

**Bad Driburg**

Treppe zum Dachraum.

Skizze und Grundriß
Erdgeschoßtreppe.

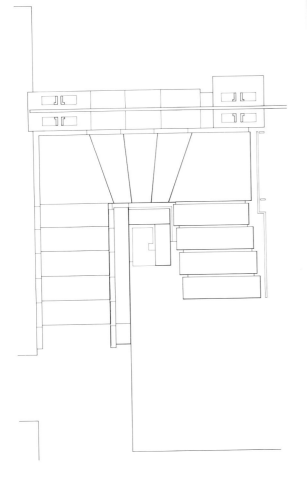

## Haus Heinze-Manke

1984

Ein zweigeschossiges Hofhaus und ein schmales Giebelhaus mit zwei Wohnungen und einem Apartment im Untergeschoß sind zu einem differenzierten Baukörper mit schmalen Giebeln zusammengefaßt.

Das Hofhaus hat blockhaft geschlossene Mauern mit eingeschnittenen Öffnungen, das Giebelhaus ein seitlich auf dünnen Stützen vorgezogenes Dach, dessen Stahlbinder an den Giebeln auf Mauerpfeilern ruhen. Längsdiele und Innenhof sind die ordnende Mitte der Anlage des Hofhauses. Der Hof selbst formt mit tiefen, vor die Glaswand vorstehenden, zweigeschossigen Pfeilern einen feierlichen Raum.

Die Diele und die zwischen dem Hof und den Räumen vermittelnden Flure lassen einen mehrschichtigen, rhythmisch gegliederten Raum entstehen, der sich in den massiven Mauern fortsetzt mit Türöffnungen, die durch Nischen reliefartig erweitert sind.

Im Gegensatz zu den Wohn- und Schlafräumen, die durch Mauern gebildet werden, ist der Arbeitsraum in der südwestlichen Ecke des Obergeschosses von dem herabgezogenen Sturz bis zum Fußboden völlig verglast. Wie ein Erker springt die Glaswand vor die seitliche Mauer vor. Ähnlich einem japanischen Wandschirm gliedert sie die Waldlandschaft für den Blick des Betrachters in eine Folge hochrechteckiger Bilder.

Lageplan.
Maßstab 1:1000

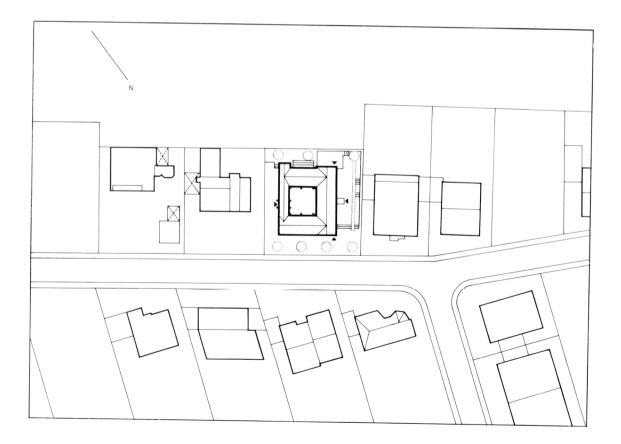

Köln-Rodenkirchen

Straßenansicht nach
Südwesten.
Linker Teil Haus Heinze,
rechter Giebel
Haus Manke.

Nächste Seite: Nordost-
fassade.

Haus Heinze-Manke

## Köln-Rodenkirchen

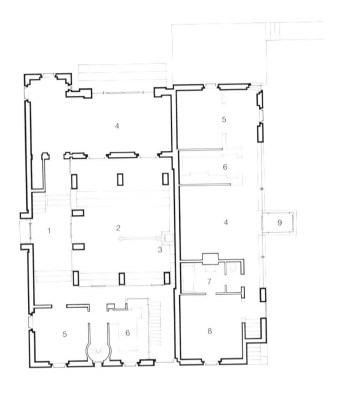

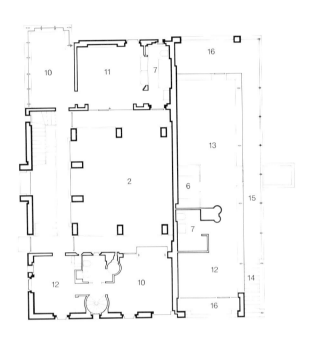

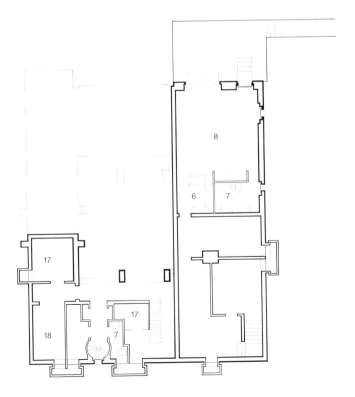

Maßstab 1:250

Grundriß Erdgeschoß.

1 Eingangshalle
2 Hof
3 Brunnen zur Dachentwässerung
4 Wohnzimmer
5 Eßzimmer
6 Küche
7 Badezimmer
8 Schlafraum
9 Windfang

Grundriß Obergeschoß.

10 Arbeitsraum
11 Schlafraum
12 Kinderzimmer
13 Büro
14 Treppe zum Obergeschoß
15 Laubengang
16 Terrasse

Grundriß Kellergeschoß

17 Technik
18 Kellerraum

## Haus Heinze-Manke

Ansicht der Straßenseite nach Südwest.

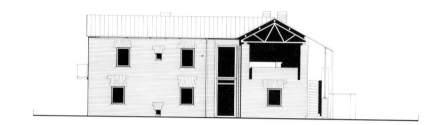

Maßstab 1:250

Schnitt.

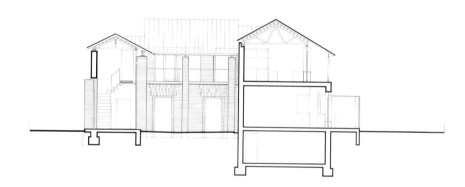

Ansicht Gartenseite nach Nordost.

## Köln-Rodenkirchen

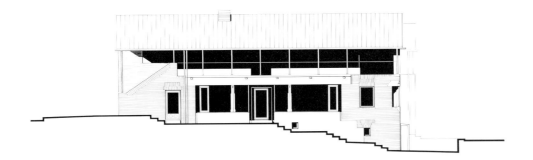

Eingangsfassade Haus Manke.
Südostansicht.

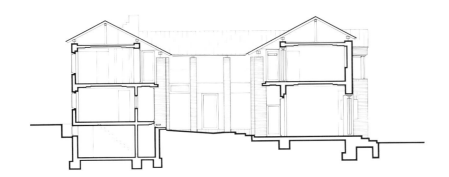

Schnitt.

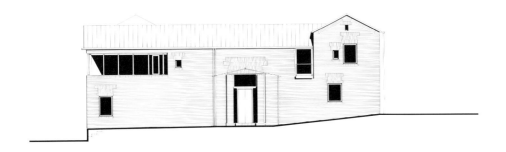

Eingangsfassade Haus Heinze.
Nordwestseite.

## Haus Heinze-Manke

Haustür Haus Heinze.

Außengalerie im Obergeschoß zum Innenhof.

Innenhof mit Blick in Richtung Wohnraum.

# Köln-Rodenkirchen

Eingangshalle im Haus Heinze.

Flur vor der Küche.

Eingangshalle Blick in Richtung Eßzimmer.

## Haus Heinze-Manke

Arbeitsraum Haus Heinze.

Innenansicht des Arbeitsraums.

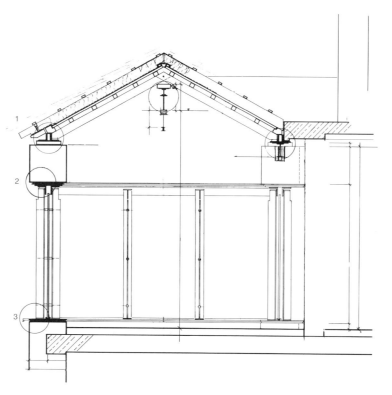

# Köln-Rodenkirchen

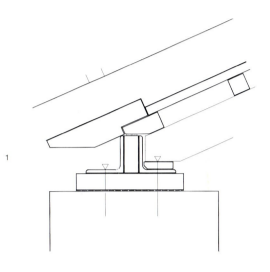

Dachfuß.

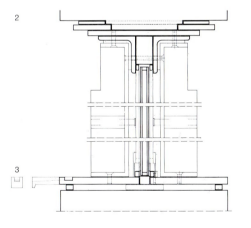

Stütze und Verglasung.

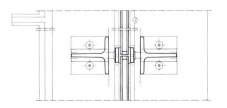

Grundriß der Stütze.

Konstruktionsdetails
Arbeitsraum Haus Heinze.

Maßstab 1:10

## Haus Heinze-Manke

Skizzen der Stahlkonstruktion am Haus Manke.

Köln-Rodenkirchen

Giebel am Haus Manke.
(Rohbau)

## Haus Helpap

1987

Den Anlaß für den Umbau des vorhandenen, eingeschossigen Flachdachhauses gab die Gestaltung des Gartenhofes, der dann zusammen mit dem Wohnraum als räumliche Folge geplant wurde.

Eine Hecke, die dahinter liegende, weiß verputzte Mauer, die bis zur Grundstückgrenze verlängert wurde, und eine Sitzbank davor geben dem Hof den Rahmen.

Brunnen und Wasserrinne bilden wie bei einem arabischen Garten die Mitte, parallel verlegte Stufen aus Marmor im Betonboden abstrahieren das Wassermotiv und sind Blickziel und Fortsetzung des durch einen Erker auf ganzer Breite verglasten Wohnraumes.

Im Windfang ist schwarzer Glanzstuck aufgebracht. Das Licht in der weiß verputzten Diele erscheint dadurch im Kontrast intensiver. In der Diele wurde eine Wand entfernt. Deren statische Funktion übernehmen zwei schlanke, filigran durchgebildete Stahlträger, die zu beiden Seiten der Wendeltreppe aufgelegt sind.

Die Abtreppung der Dielenwände führt den Weg unmerklich zum Wohnraum hin.

Die Bibliothek wird durch das Versetzen einer Wand und die neue Anordnung der Fenster in ihren Proportionen wesentlich verbessert.

Vorhandene Möbel wurden architektonisch in die Räume integriert.

Durch die Verschiebung der Wand in der Bibliothek entsteht im Schlafzimmer eine Nische für einen vorhandenen Einbauschrank. An die Stelle der ursprünglichen Wand ist ein sichtbarer Stahlträger mit einer Stütze getreten.

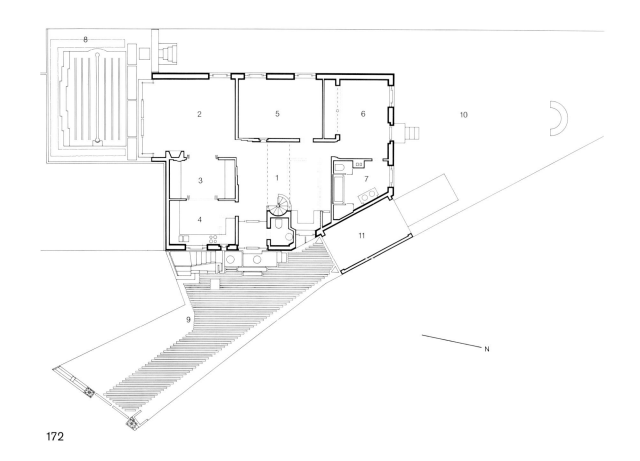

Grundriß Erdgeschoß.
Maßstab 1:250

1 Eingangshalle
2 Wohnzimmer
3 Eßzimmer
4 Küche
5 Bibliothek
6 Schlafzimmer
7 Badezimmer
8 Hof mit Brunnen
9 Eingangshof
10 Gartenhof
11 Garage

Bonn

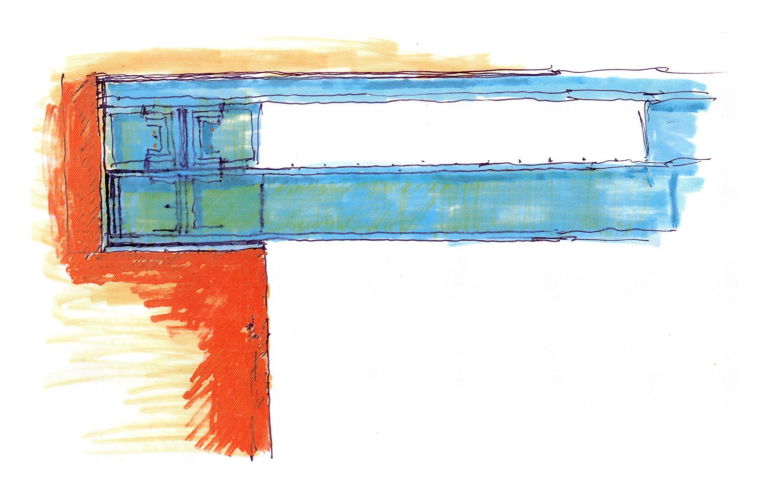

Unterzug der Eingangshalle.

**Haus Helpap**

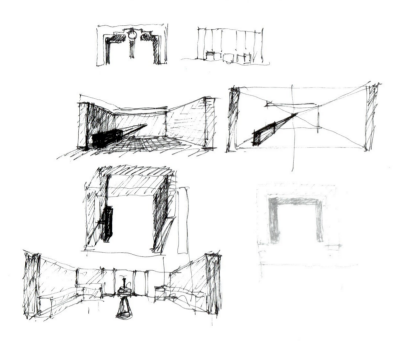

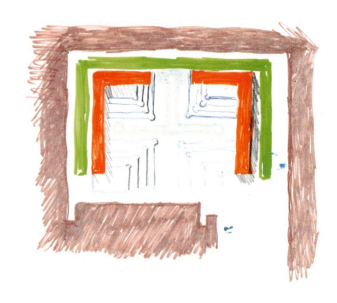

Entwurfsskizzen zum Hof
mit Brunnen.

Rechte Seite:
Grundriß und Schnitt der
Ausführungsplanung.
Gezeichnet im
Maßstab 1:10

**Bonn**

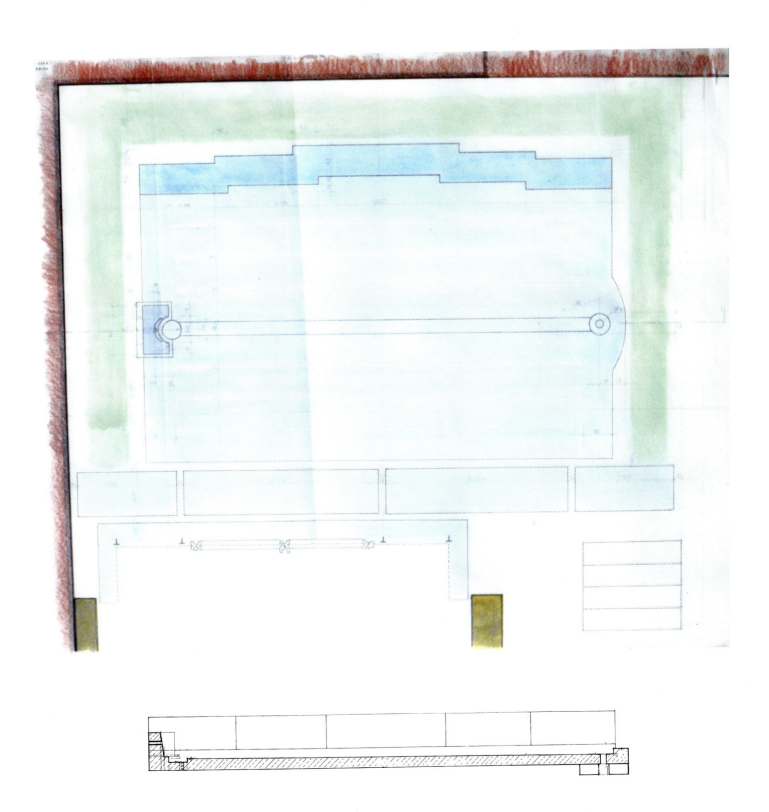

## Haus Helpap

Ausführungsplan des Brunnen.

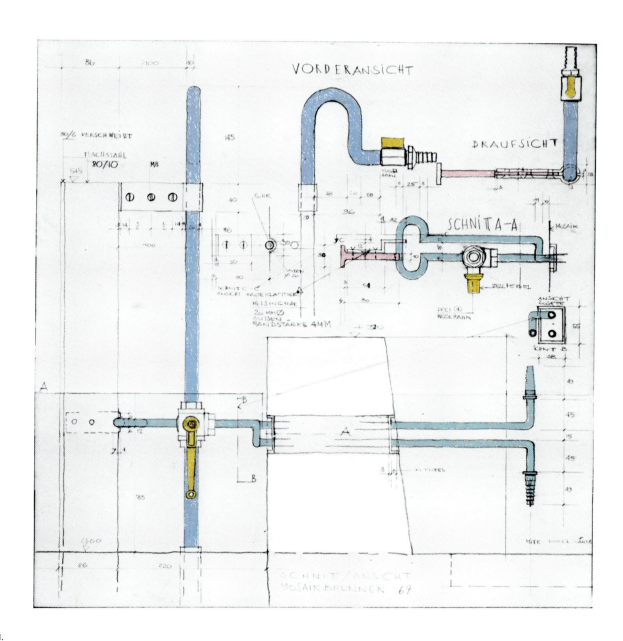

Skizze zum Brunnendetail.

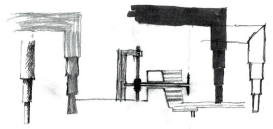

Bonn

Treppe vom Hof zum
Garten.
Blick in Richtung Hof.

## Haus Helpap

Wohnraum Glaserker.
Türe und Fenster außen.

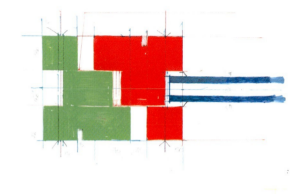

Türe und Fenster von der
Innenseite.

Wohnraum Glaserker
Grundriß- und Schnitt-
skizze Türrahmen.

**Bonn**

Wohnraum Glaserker.

179

**Haus Helpap**

Tür zwischen Vestibül und Diele.

Bonn

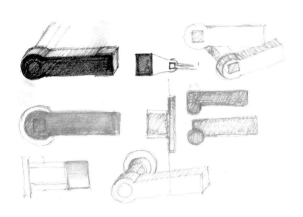

Skizze Tür- und Fensterbeschläge.

Türe zwischen Wohnraum und Eingangshalle.

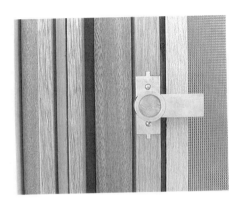

Detail der Glastür zum Garten und Tür der Diele.

Haustür Außenseite.

## Haus Holtermann

1988

Das Haus steht am Rande eines Neubaugebietes mit offener Bebauung. Es ist zu einer Flußaue hin orientiert.

Ein schmales Ateliergebäude soll in Zukunft den eingeschossigen Atriumbau mit dem sehr viel höheren Nachbargebäude zu einer raumbildenen Gruppe verbinden. In der Umgebung mit steilen Dächern wirkt das Haus sehr niedrig. Betritt man das Atrium durch das geschoßhohe Tor, so erscheint das Haus jedoch groß. Die monolithen, rechteckigen Sandsteinpfeiler mit Stahlkopf und Stahlfuß haben eine sachlich monumentale Ausstrahlung.

Am Ende des Atriums betritt man über eine Diele den Wohnraum. Küche und Schlafraum haben direkt neben dem Eingang verglaste Erker auf das Atrium, das man von da überblicken kann.

So ist der Hof durch die Verglasung einerseits intimer privater Raum, andererseits führt er erst zu dem von ihm vollkommen abgewendeten Wohnraum, der dadurch noch entrückter, privater erscheint. Das ist gewissermaßen eine Umkehrung der üblichen Raumsinngebung, in der der Wohnraum für den Empfang der Gäste Teil des öffentlichen Hausbereiches ist.

Im nördlichen Flügel liegt das Bad ein halbes Geschoß tiefer. Auf dem so entstehenden Podest sind durch Schrankwände Gästezimmer und Ankleideraum abgetrennt worden.

Das Dach ist ringsum mit einem Glasstreifen von den Vollziegelmauern optisch abgelöst.

Fenster und Türen sind Maueröffnungen, die durch Nischen der Mauer eine weitere rhythmische Gliederunge geben. Die Innenwände haben einen weißen Putz. Der Wohnraum hat eine getreppte Decke mit 2,70 m Höhe, die anderen Räume sind 2,35 m hoch.

Die Kellertreppe ist als geschlossener, um einen Halbzylinder verlängerten Quader aus verzinktem Eisenblech vor die Ziegelsteinmauer gesetzt.

Lageplan.
Maßstab 1:1000

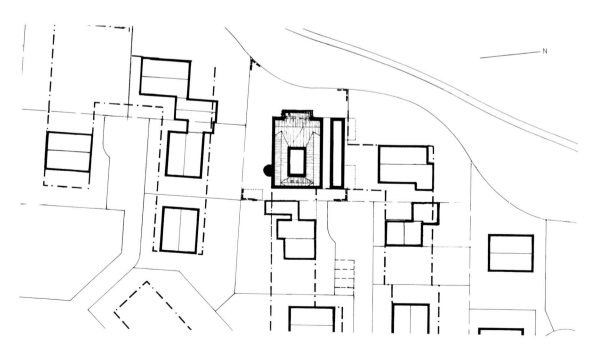

Senden

Atrium mit Sandsteinstützen. Blick zur Diele und Wohnraum.

## Haus Holtermann

Querschnitt.

Maßstab 1:250.

Grundriß Erdgeschoß.

1 Eingang
2 Atrium
3 Diele
4 Wohnraum mit Vordach
5 Garderobe mit WC
6 Eßraum
7 Küche
8 Schlafzimmer
9 Schrankraum
10 Treppe zum Bad und Sauna
11 Arbeitsraum
12 Studio (nicht gebaut)
13 Kellertreppe

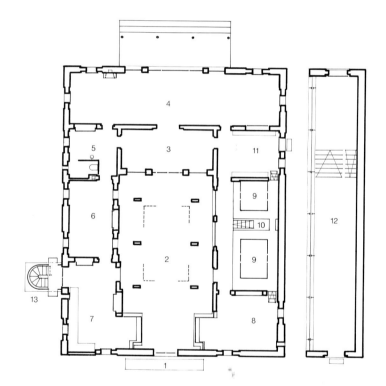

Ansicht der Eingangsfassade.

# Senden

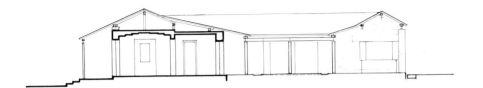

Längenschnitt durch Wohnraum, Diele und Atrium.

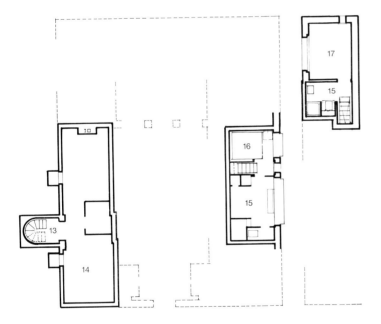

14 Keller
15 Bad und WC
16 Sauna
17 Gästeraum
   (nicht gebaut)

Grundriß Untergeschoß.

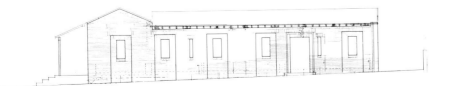

Ansicht Südostseite.

## Haus Holtermann

Eingangsseite.
Atriumtür von der Innenseite und Erker Schlafraum.

Senden

Gartenansicht Südwestseite.
Vordach des Wohnraums.

Südostseite und Kellertreppe.

## Haus Holtermann

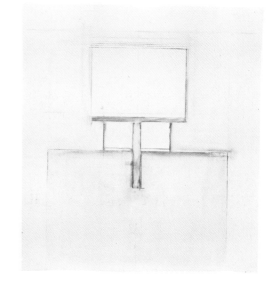

Sandsteinpfeiler im Atrium.
Stützenkopf und Stützenfuß.

Skizzen Sandsteinpfeiler.
Maßstab 1:10

Senden

Atrium. Ecke mit Pfeiler
und Regenrohren.

## Haus Holtermann

Senden

Links: Wohnraum.

Oben: Diele.

Unten: Arbeitszimmer mit Treppe zum Schrankraum.

Rechts: Schrankraum.

## Haus Kühnen

1988

Ein Wohnhaus mit Arztpraxis aus der Mitte der Achtziger Jahre, das weder ein Wohnzimmer beinhaltete noch den Zugang befriedigend gelöst hate, wurde erweitert und umgebaut.

Ein Atrium, das zu ebener Erde liegt, aber 90 cm tiefer als die Ergeschoßräume, ist das ordnende Zentrum des Hauses, das man von der Straße her betritt. An ihn sind seitlich ein Bibliotheksraum und, durch ein Glaselement getrennt, mitten in den Garten gestellt ein großer Wohnsaal angefügt.

Alle neuen Bauten, Atrium, Gartensaal und ein geplanter Eßpavillon stehen zueinander abgewinkelt um einen großen Baum.

Das Atrium soll im Sommer den offenen Hofcharakter erhalten. Es ist dafür mit einer herausnehmbaren Verglasung zwischen den Betonsäulen versehen. Die überdeckten Abschnitte des Atriums sind so weiträumig, daß sie auch Wohnnutzungen aufnehmen können. Die Längsausdehnung des 3 m breiten und 4,50 m hohen Gartensaales ist durch eine mittige Konche mit einer Steinbank und einem festgebauten, runden Tisch aufgehoben. Von dort aus führt eine Querachse den Blick zu einem geplanten Brunnen an die Gartenmauer.

Im Gegensatz zum sichtbaren Ziegelmauerwerk des Atriums ist der Saal weiß verputzt und das sichtbare Holzdach auf einem schwertförmigen Stahlfirst weiß gestrichen. Der geglättete Zementestrich des Fußbodens erscheint im Kontrast zum Weiß als warmer Grauton.

Der leichtglänzende Fußboden, die weiße Raumhülle, die weißen Marmortafeln der Giebelwand, das Blau der kreisrunden Giebelglasscheiben und die mit Aluminiumblech verkleideten Türen geben dem Raum eine Unnahbarkeit, die bei aller Leichtigkeit an die Baukunst Griechenlands erinnert, wo Megaronhaus und Tempel den gleichen Charakter hatten und sich lediglich in den Dimensionen unterschieden.

Lageplan.
Maßstab 1:1000

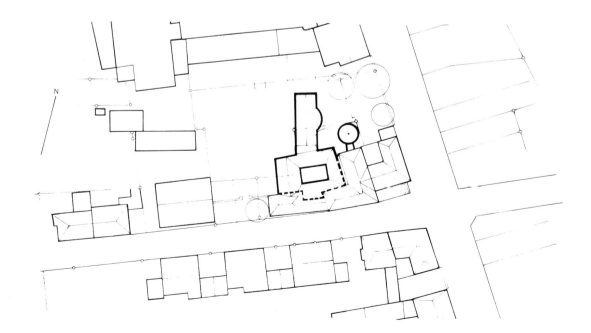

# Kevelaer

Gartensaal.

**Haus Kühnen**

Atrium. Blick zum Gartensaal.

**Kevelaer**

Vorentwurf. Farbige
Kohleskizze.
Maßstab 1:500.

## Haus Kühnen

Schnitt durch das Atrium.

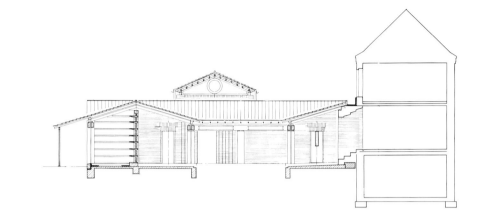

Grundriß Erdgeschoß.

1 Eingang vorhanden, geändert
2 Atrium
3 Garderobe
4 Gartensaal
6 Küche (Altbau)
7 Treppenhaus (Altbau)
8 vorhandene Arztpraxis

Maßstab 1:250.

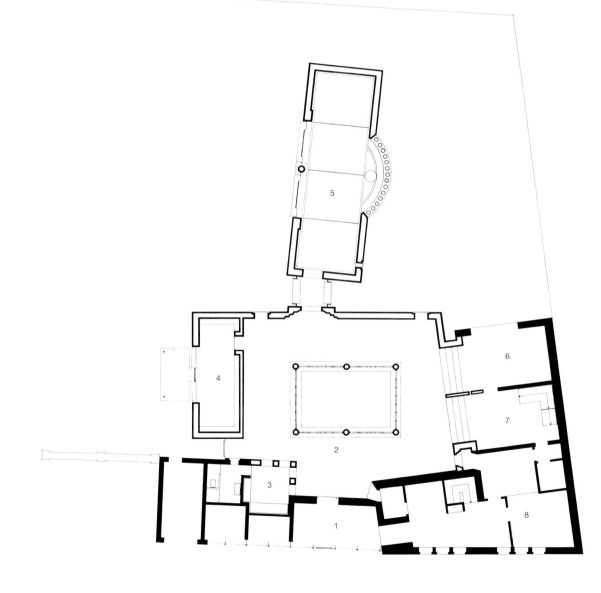

# Kevelaer

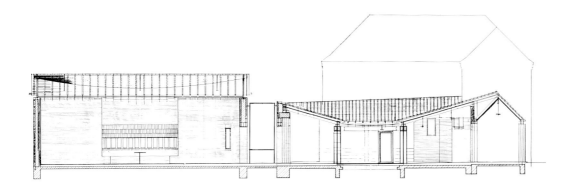

Schnitt durch Atrium und Gartensaal.

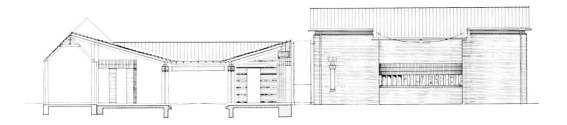

Schnitt durch das Atrium und Rückansicht Gartensaal.

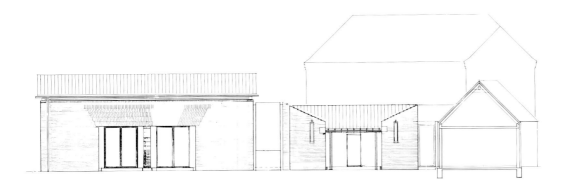

Vorderansicht Gartensaal und Bibliothek.

## Haus Kühnen

Untersicht der Dachdecke im Atrium.

Atrium. Vorplatz zum Gartensaal und Blick auf die Bibliothekswand.

# Kevelaer

Atrium. Links Bibliothekswand.

Rechts: Bibliothekswand und Nebenausgang zum Garten.

Atrium mit herausnehmbarer Verglasung.

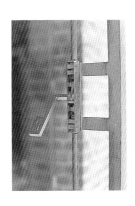

Griff und Verschluß der Türen zum Garten.

## Haus Kühnen

Gartensaal. Außenansicht
mit Verbindungselement.

Sitznische im Gartensaal.
Außenansicht.

Gartensaal Innenansicht.

# Kevelaer

Sitznische in Gartensaal.

Giebel des Gartensaales
mit kreisrunder blauer
Glasscheibe.
Durchblick zum Atrium.

## Haus Kühnen

Außenansicht der Bibliothek mit überdachtem Vorbereich.

Türfeststeller für alle Türen zum Garten.

# Kevelaer

Vordach der Bibliothek.

Bibliothek Innenansicht mit Regalen in Ortbeton. Boden aus Ziegelstücken und Mörtel.

Bibliotheksfenster außen.

**Haus Babaneck**

1990

Ein Weg zwischen Hecken führt unter einem Laubendach am Ende einer Bebauung an einem sehr tiefen, mit alten Bäumen bestandenen Grundstück vorbei.

Für einen Moment öffnet sich der Blick auf eine große Glaswand und ein flachgeneigtes, langes Satteldach. Der Hohlweg endet an einem verglasten, zuwachsenden Dach auf einer Stahlkonstruktion.

Das Haus steht mit seinem First parallel zum Zugangsweg in Nord-Süd-Richtung. Die große Glaswand schützt Flur und Treppe, der große Vorhof garantiert Privatheit.

Der schmal-rechteckige Ziegelsteinmauerbau mit Reihen von Fenstern und Türen stellt die Grundform des antik-ägyptischen Hauses mit abgestuftem Vorraum dar.

Das hiesige Klima erfordert eine weite Hülle; es sind hier Dach und Glaswand, die beide als eigenständige Elemente dieses Ur-Haus frei überspannen. Um das sichtbar zu machen, ist die Glaswand einige Zentimeter hinter die Giebelwände zurückgesetzt und das Dach von den Mauern abgelöst.

Das Erdgeschoß ist mit 4,50 m sehr hoch. Der schmale Raumkörper mit der Dreiteilung für die Zimmer ist äußerst einfach durchgebildet. Die Reihung der Fenstertüren bestimmen den Wohnraum und lassen kaum Stellflächen frei.

Der Bau stellt die strengste architektonische Ordnung dar, die möglich ist. Sie wird durch die wenigen Materialkontraste noch verstärkt: vor dem 50 cm starken Vollziegelmauerwerk führt eine flache, weitlaufende Stahltreppe in das obere Geschoß. Im Gegensatz dazu steht die Glaswand, die von engstehenden sehr dünnen Stahlstützen getragen wird.

Brühl

Gartenfassade.

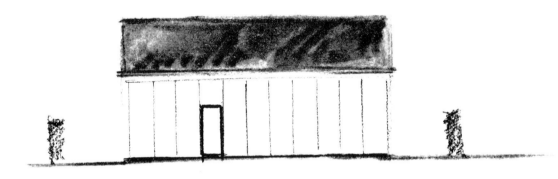

Eingangsfassade.

Maßstab 1:250

Giebelseite.

## Haus Babanek

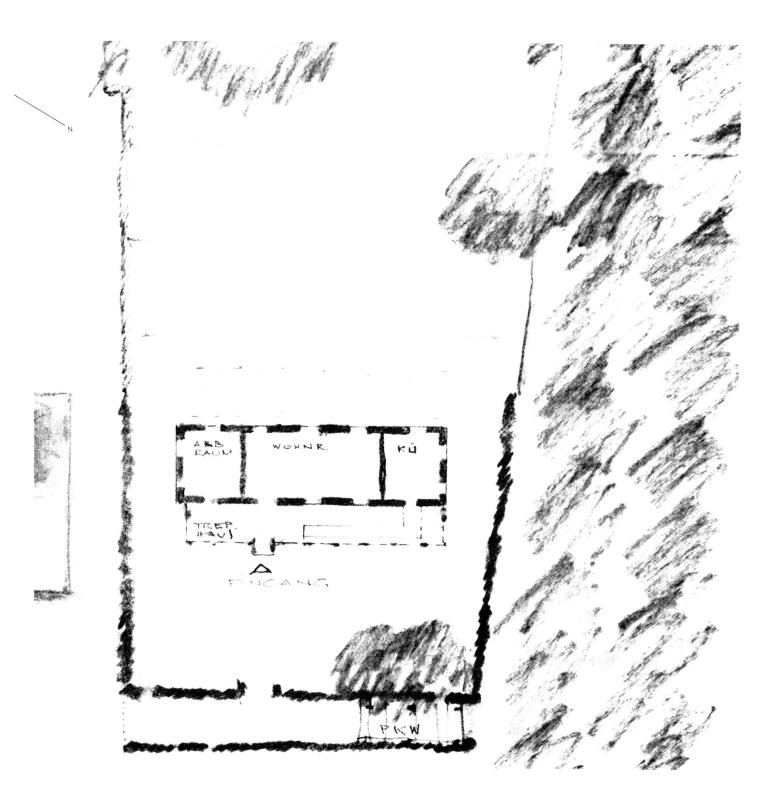

Brühl

Grundriß Erdgeschoß.

Maßstab 1:250

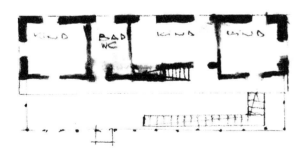

Grundriß Obergeschoß.

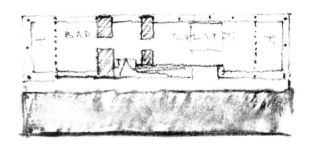

Grundriß Dachgeschoß.

# WERKVERZEICHNIS

Bauten und Projekte 1955 – 1990

| 1955 | **Haus Bienefeld**  Köln-Weiß    Projekt |  | 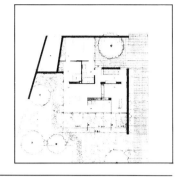 |

| 1956 | **Haus Dr. Hecht**  Kürten, Bergisches Land    Neubau | Ursprünglich Wochenendhaus.  Länglicher Eingangsflur.  Massivbau verschiefert.  (Verändert) | 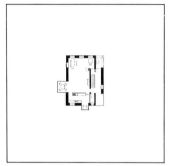 |

| 1961 | **Kath. Kirchengemeinde**  Berkum    Bebauungsplanung | |  |

| 1962 | **Kloster der Karmelitinnen**  Köln    Erweiterung | Weiterführung der von Emil Steffann begonnen Erweiterung. Rekonstruktion des Grundrisses des 1904 abgebrochenen Klo-sters. Entwurf und Ausführung des südlichen Flügels mit Wohn- und Arbeitsräumen. Sichtbar belassenes massives Ziegelmauerwerk. |  |

**Haus Paul Nagel**
Wesseling-Keldenich

Renovierung

| | | | |
|---|---|---|---|
| **1963** | **Pfarrkirche St. Laurentius**<br>Wuppertal-Elberfeld<br><br>Restaurierung | Überarbeitung der nach dem 2. Weltkrieg wiederaufgebauten klassizistischen Kirche (1835, Architekt von Vagedes). Konstruktion einer klassizistischen Orgelempore unter Verwendung einer Abbildung der von Vagedes gezeichneten Innenansicht. |  |
| **1964** | **Haus Balke**<br>Köln-Poll<br><br>Umbau und Erweiterung | Erweiterung mit einem durch das Haus quer durchführenden Flur und einem Bildhaueratelier. Altbau: Ziegelstein Erweiterung: Fachwerk verschiefert; klassizistischer Giebel. |  |
| | **Alte Vikarie**<br>Overath<br><br>Renovierung | Erhaltung des quadratischen Baus von 1680, Erweiterung des Anbaus vom 19. Jahrhundert. West- und Ostseite verschiefert, übrige Seiten blaugefärbter Kalkputz.<br>„Marmorino" Glanzputze im Wohnzimmer (blau) und Bade-zimmer (Zinnober-rot). Heute zerstört. | 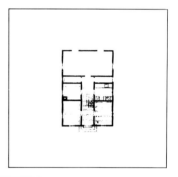 |
| | **Pfarrkirche St. Andreas**<br>Wesseling-Keldenich<br><br>Erweiterung | Erweiterung der kleinen neuromanischen Kirche um einen großen Saal.<br>Umbau des angrenzenden Seitenschiffes zur zweigeschossigen Arkade.<br>Massiver Ziegelstein. | 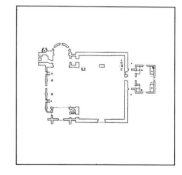 |
| | **Pfarrzentrum St. Laurentius**<br>Wuppertal-Elberfeld<br><br>Wettbewerb | Eine Halle mit Bücherei, Leseraum, Kaffee verbindet die vorhandenen klassizistischen Bauten.<br>Wettbewerb, 1. Preis. Ausführung durch anderen Architekten. | 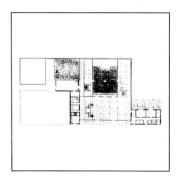 |

**Pfarrkirche St. Adelheid**
Geldern

Wettbewerb in Zusammenarbeit
mit E. Steffann

Saalbau mit massiven Ziegelsteinmauern. Dach auf innenliegenden Stützen.
Kante ist von der Mauer mit einem Lichtstreifen abgesetzt.

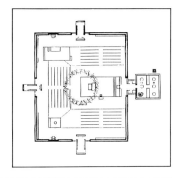

## 1965

**Haus Heiermann**
Köln-Sürth

Umbau und Erweiterung

Ursprünglich eineinhalb geschossiges Haus wurde auf 2 Geschosse und eine Durchfahrt erweitert.
Innenhof mit Galerie und rückwärtiger Bau neu.
Die gußeisernen Stützen des Hofes sind ehemalige Gaslaternen aus Wuppertal.

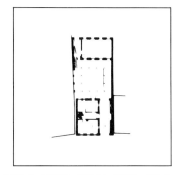

**Stadtplanung Ortsteil Keldenich**
Wesseling-Keldenich

Bebauungsplan /
Einfamilienhäuser
Haus Dornbusch
Haus Heppekausen
Haus Radermacher
Haus Thiemann
Haus Wäschenbach

Vorschlag für eine Einfamilienhausbebauung mit platzartige verkehrsfreier Straßenachse für den Bebauungsplan übernommen.
Häuser von anderen Architekten gebaut.

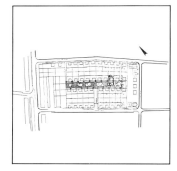

**Haus Marizy**
Köln-Müngersdorf

Projekt

## 1966

**Hallenbad Grünzug Süd**
Köln-Zollstock

Wettbewerb in Zusammenarbeit
mit J. Manderscheid

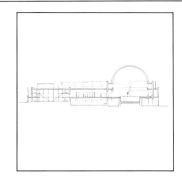

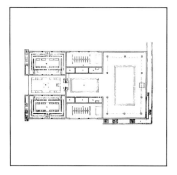

|  |  |  |
|---|---|---|
| **Stadtplanung Wesseling-Mitte** Wettbewerb | Neuordnung des Gebietes zwischen Rheinuferbahn und Rhein. | |

**Haus Paul Nagel**
Wesseling-Keldenich

Umbau / Hofbebauung

Vorhandenes Fachwerkhaus erneuert, 1966 – 67 um einen freistehenden Wohnsaal erweitert.
Klostergewölbe in Stuck und Glanzstuckwänden.

## 1967

**Haus Emunds**
Linnich

Projekt

Ein Weg führt von der Straße über erhöhten Eingangshof und Galerie in die Wohnräume. Später sollte der Bau symmetrisch erweitert werden. Nicht ausgeführt.

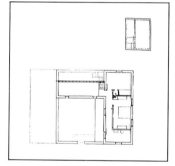

• **Bischofskirche St. André**
Goma / Kongo

Projekt in Zusammenarbeit mit J. Manderscheid

Rundbau Gedacht als 4 m dickes Konglomerat-Mauerwerk aus vulkanischem Gestein, mit Gängen und Treppen im Inneren. Laubengang mit Querlüftung; während der Regenzeit durch Klappen verschließbar.
Ein drittel der gesamten Raumhöhe Holzdachstuhl aus Eukalyptus Rundstämmen.
Ca. 2000 Sitzplätze.

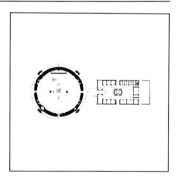

**Haus Wuttke**
Köln-Rodenkirchen

Renovierung und Erweiterung

Aufstockung eines unansehnlichen Anbaus in massivem Ziegelmauerwerk mit Mansarddach. Verschieferung des kleinen Altbaus.
Neubau des Ateliers 1969.

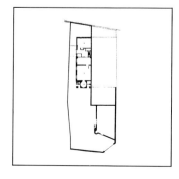

| 1968 | ● **Pfarrkirche St. Willibrord**<br>Mandern-Waldweiler<br><br>Neubau | Wettbewerb 1. Preis.<br>Saalbau über den Resten einer alten Kirche:<br>Ehemaliger Chor (1520) und Kapelle massiver Ziegelbau.<br>Unregelmäßiger polygonaler Baukörper vorgegeben durch die Grundstücksgrenzen, zur städtischen Raumbildung benutzt. | 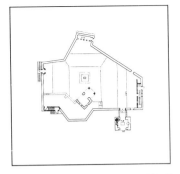 |

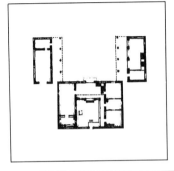

**Haus Paul Nagel**
Wesseling-Keldenich

Projekt

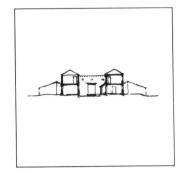

● **Haus Wilhelm Nagel**
Wesseling-Keldenich

Neubau

Raumordnung aus Querdiele, Saal und Loggia.
Massiver Ziegelstein.
Geschlossener Gartenhof mit Laubengängen (wurde nicht ausgeführt).

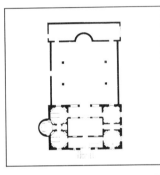

**Rathaus Zons**
Dormagen / Zons

Wettbewerb

Nach außen geschlossene Mauer als Teil der alten Stadtmauer.
Gefaltetes Glasdach über dem gesamten Bau.
Der „Hof" ist gleichzeitig Ratssaal. Anfügung eines Hochzeitsturms.

**Haus Faber**
Krefeld

Erweiterungsplanung

Erweiterung des alten Weberhäuschens mit querdurchlaufendem Seitenflur.

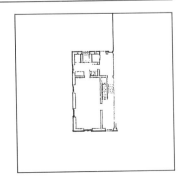

**1969**

**Pfarrzentrum St. Nikolaus**
Bad Kreuznach

Wettbewerb 1. und 2. Stufe

Integration eines großen barokken Hauses in ein differenziertes Raumgebilde, mit dem Straßenräume artikuliert werden. Wettbewerb 1. und 2. Stufe, jeweils 1. Rang.
Nicht ausgeführt.

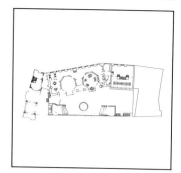

**Gartenhaus Hillebrand**
Wuppertal-Barmen

Umbau

Achteckiges Holzhaus der Jahrhundertwende. Den Bau überragendes Satteldach auf Stützen mit 1,50 m hohen Naturstein-sockeln.

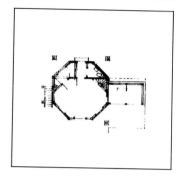

**Pfarrzentrum und Jugendheim St. Andreas**
Wesseling-Keldenich

Neubau

Ergänzung zur Pfarrkirche (erweitert 1964), Bildung eines Platzes seitlich der Kirche. Massives Ziegelmauerwerk. Zentrale Freitreppe, heute umgebaut.

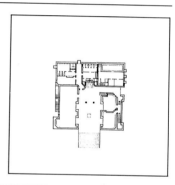

**1970**

**Haus Josef Faber**
Krefeld

Neubau

Ausgeführt ist die linke Hälfte eines geplanten Doppelhauses mit verglasten Räumen über der Durchfahrt, die je nach Bedarf einem der beiden Häuser zugeschlagen werden sollten. Bau mit Diele über zwei Geschosse. Spiegelglatte, betonplangeschalte Decken.

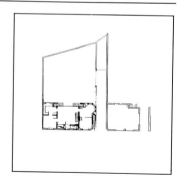

**Werktagskapelle und Sakristei St. Laurentius**
Wuppertal-Elberfeld

Neubau

Massive Ziegelsteinmauern, außen verputzt.
Oberlicht in Alabasterscheiben geplant, ausgeführt in Glas.

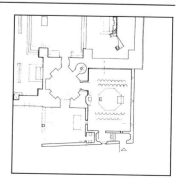

● **Friedhofskapelle Frielingsdorf**
Lindlar-Frielingsdorf

Neubau

Geplanter vollständig umschlossener Hof nur halb ausgeführt. Ornamentales Natursteinmauerwerk, innen mit Girlandenmotiv. Fenstergewände in Ziegelstein.

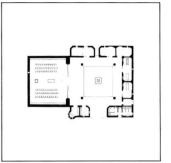

**Katholische Pfarrkirche**
Polch

Erneuerung der Eingänge

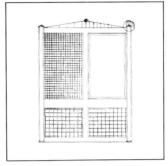
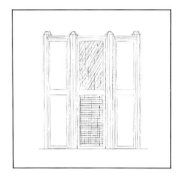

**Zahnarztpraxis Dr. Hoederath**
Overath

Projekt

Halbgeschossig erhöhtes Atrium. Anbau an existierendes, zweigeschossiges Haus, das umgebaut werden sollte.

**Altenwohnheim**
Bad Hönningen / Rhein

Projekt

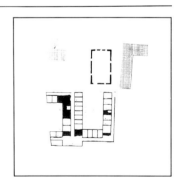

1971

**Kindergarten der Kat. Kirchengemeinde**
Mandern-Waldweiler

Projekt 1 und 2

Gruppenräume mit Spielnischen bilden die Grundelemente. Riesiges, flachgeneigtes Walmdach auf Stahlstützen.

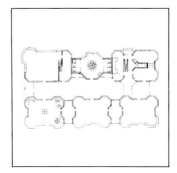

**Sprengel Museum**
Hannover

Wettbewerb in Zusammenarbeit
mit J. Manderscheid

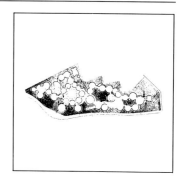

**1972**

**Pfarrbüro St. Andreas**
Wesseling-Keldenich

Neubau

• **Haus Pahde**
Köln-Rodenkirchen

Neubau

Atrium. Massives Ziegelsteinmauerwerk, innen und außen
sichtbar.
Decke: Hourdisplatten.

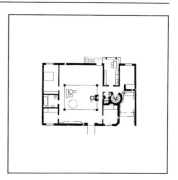

**1973**

**Kath. Pfarrkirche**
Mertesdorf

Wettbewerb in Zusammenarbeit
mit J. Manderscheid

Steiler Hang. Von Oben führt eine
Treppe entlang der Mauer in die
Kirche. Mittel-„Straße" mit Altar,
Ambo, Tabernakel, Priestersitz
und Orgel.
Gemeinde sitzt sich auf freier
Bestuhlung gegenüber.
Der Raum ist auf die alte Kirche
ausgerichtet. Anbau eines runden
„Schatzhauses" mit den Altären
der alten Kirche.

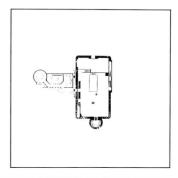

**1974**

**Pfarrkirche St. Arnulf**
Nickenich

Renovierung

Entwurf eines Atriums und
Renovierung von Boden, Wänden
und Bestuhlung.

**Kapelle St. Johannes
der Kath. Kirchengemeinde
St. Bonifatius in Odenspiel**
Wildbergerhütte-Bergerhof

Renovierung

**Haus Tong**
Köln-Rodenkirchen

Projekt

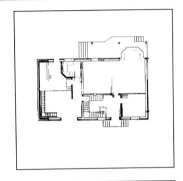

● **Pfarrkirche und Pfarrhaus
St. Bonifatius**
Wildbergerhütte-Reichshof

Neubau

Kirche: Bruchsteinmauerwerk,
im Inneren mit Schrägschichten,
großes Satteldach auf
mächtigen Backsteinpfeilern.
Innenausstattung.
Pfarrhaus mit Atrium.

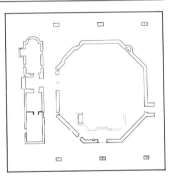

**1975**

**Pfarrzentrum St. Adelheid**
Bonn-Beuel / Pützchen

Neubau

Neubau an einen vorhandenen
Saal aus dem 19. Jahrhundert
mit verglaster Halle und Innenhof.
Ziegelsteinmauerwerk und
Pultdach.

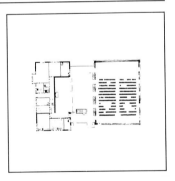

● **Haus Klöcker**
Hohkeppel

Neubau

Mittelflurhaus am Hang. Dach-
ziegelbehang der Außenwände.
Vorplatz als Erweiterung des
Straßenraumes.

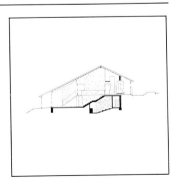

**Sakristei Pfarrkirche
St. Arnulf**
Nickenich

Projekt

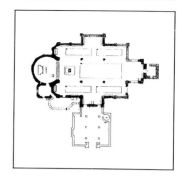

## 1976

**Stadtplanung**
Offenburg

Wettbewerb in Zusammenarbeit
mit J. Manderscheid

• **Haus Stein**
Wesseling

Renovierung und Bau einer
Gartenanlage

Katalogbau der Jahrhundertwende mit Innenwänden aus Stahlfachwerk.
Umbau zu zentraler Diele.
Ovaler Hof mit Pavillon als räumliches und achsiales Gelenk zur Gartenanlage.

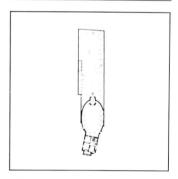

**Haus Steinke**
Köln-Lindenthal

Umbau und Renovierung

Ursprünglich Außenverkleidung in Tonplatten. Baugerüst als vorgesetzte Schicht.

## 1977

**Pfarrkirche St. Jodokus**
Uedem-Keppeln

Renovierung und Erweiterung

Spätgotische Kirche. Chor rechteckig umbaut.
Drei Chorfenster bis zum Boden geöffnet, neues Maßwerk innen ganz weiß gekälkt.

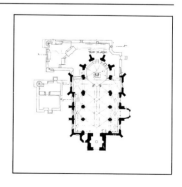

**Pfarrzentrum
St. Bartholomäus
Pfarrkirche und Pfarrhaus**
Ahlen

Wettbewerb in Zusammenarbeit
mit G. Hülsmann und
J. Manderscheid

Umfangreiches Programm mit
vier Höfen aus vielen Bauteilen im
Sinne einer kleinmaßstäblichen
alten Stadt.

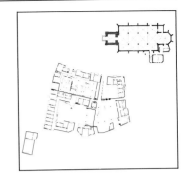

**Haus Tippkötter**
Bergisch-Gladbach

Neubau

Mittelflur und spiralförmig
aufsteigender Treppenweg um
den Wohnraum.

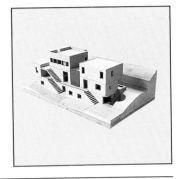

1978

**Pfarrheim St. Michael**
Tecklenburg

Wettbewerb in Zusammenarbeit
mit J. Manderscheid

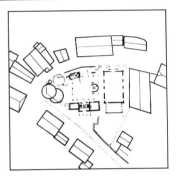

**Haus Nobbe I**
Alfter

Projekt

Zwei Einfamilienhäser sind um
einen Innenhof gruppiert und
über einen Durchgang getrennt.
Schiefes Grundstück, Himmels-
richtungen und Ausblick nach
Bonn widersprechen den
Wünschen nach Trennung und
gemeinsamer Nutzung. Flach-
geneigte Dächer.

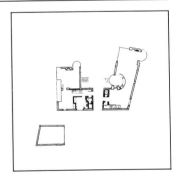

**Kath. Gemeindezentrum**
Voerde

Wettbewerb

Für die desolate Neubaugegend
wurde versucht, einen Ort zu
bilden, der dem Dorfkern einen
Zusammenhang geben würde.

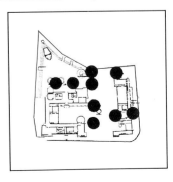

221

**Haus Schütte**
Köln-Müngersdorf

Neubau

In dem Einfamilienhausgebiet mit offener Bauweise wurde eine straßenbegleitende Mauer mit wenig Öffnungen und ein gepflasterter Vorplatz statt eines Vor-garten gebaut. Eingangshalle und Mittelflur sind die Ordnungselemente des komplexen Hauses. Mauern in Ziegelstein, außen wie innen sichtbar.

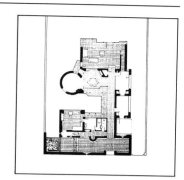

**Pfarrkirche St. Otger**
Stadtlohn

Wettbewerb

Um die architektonischen Qualitäten der großen neugotischen Kirche zurückzugewinnen, wurden die Nachkriegsbetonpfeiler herausgenommen und das Dach mit Stahlseilen aufgehängt. Statt eines neuen Maßwerks wurden in die Fenster einfache Sprossen in Stahl eingesetzt. Möblierung und Fußboden sollten erneuert werden.

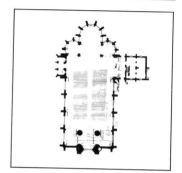

**Haus Stupp**
Köln-Rodenkirchen

Neubau

In der geschlossenen, eingeschossigen Bauweise ermöglichte der abgesenkte Innenhof die Durchbildung von zwei Geschossen.
Der Staßenraum wurde durch einen gepflasterten Vorplatz erweitert.
Zur Küche hin hat die Garage einen Dachgarten.

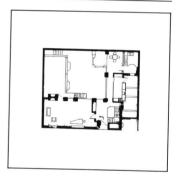

**Haus Derkum**
Swisttal-Ollheim

Umbau und Renovierung

Wohnhaus und Büro Heinz Bienefeld. Bauerngehöft von 1880 mit großem Innenhof. Aufdoppelung der Dächer. Umbau des Kuhstalles zur Wohnhalle.

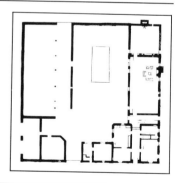

## 1979

**Museum Ludwig**
Aachen

Wettbewerb in Zusammenarbeit mit J. Manderscheid und E. Zielhofer

An einen runden Kernbau mit mehreren Ringen schließt eine lange Galerie in weitem Bogen an.
Unter das Dach sind kleine, schatzhausartige Ausstellungsräume eingeschoben.

**Pfarrkirche St. Jakobi
Restaurierung und liturgische
Neugestaltung**
Coesfeld

Wettbewerb in Zusammenarbeit
mit J. Manderscheid.
Künstlerische Gestaltung der
Ausstattungsstücke J. Pechau.

Die gotische Kirche war nach
dem Krieg neuromanisch
wiederaufgebaut worden.
Der Entwurf für eine neue
Möblierung und einen Fußboden
wurden nicht ausgeführt.

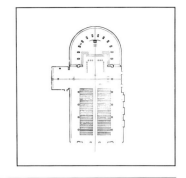

**Pfarrkirche St. Mariae Geburt**
Mülheim / Ruhr

Projekt

Erneuerung der Kirche, die
1928/29 von Emil Fahrenkamp
erbaut wurde und nach dem
Krieg Änderungen erfuhr.
Der öde wirkende Innenraum
sollte durch das Öffnen und
Zeigen des Dachstuhles
bereichert, störende Einbauten
sollten herausgenommen werden.

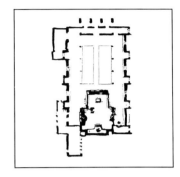

**1980**

**Jugendheim St. Bonifatius**
Wilbergerhütte

Projekt

3. Bauabschnitt des Kirchen-
zentrums.
1. und 2. Bauabschnitt 1974.

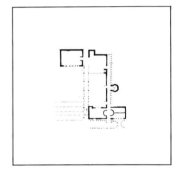

**Pfarrheim St. Jodokus**
Uedem-Keppeln

Neubau

Die hohe Traufseite des Pultda-
ches liegt zur Kirche hin.
Der Kirchplatz wird daher durch
eine hohe Ziegelsteinmauer
geschlossen.
Die Durchführung erfolgte durch
einen örtlichen Architekten.

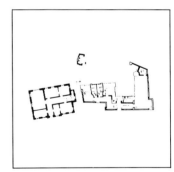

**1981**

**Haus Pohlmann**
Neuenkirchen

Inneneinrichtung I

Planung und Durchführung eines
vielgestaltigen Innenausbaus für
ein nahezu fertiges Haus.
Von der geplanten Gartenanlage
wurde nur ein geringer Teil
durchgeführt.

**Kulturelles Zentrum Beuel**
Bonn-Beuel

Wettbewerb in Zusammenarbeit
mit H. Hachenberg und
E. Zielhofer

Im gestalterisch chaotischen
Gebiet der Rheinbrücke wurde
eine Vielzweckhalle und Räume
für die Volkshochschule
gewünscht. In einer strengen und
komplexen Form, mit geschlossenen Wänden nach außen
wurde eine flache Stützenhalle
und quer dazu zwei eng aneinandergestellte schmale Bauten
mit einer Gasse vorgeschlagen.

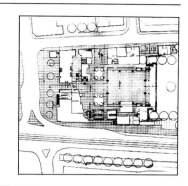

## 1982

**Sparkasse und
Wohnbebauung am
Viehmarktplatz**
Trier

Wettbewerb in Zusammenarbeit
mit H. Hachenberg und
E. Zielhofer

Am Rande der Altstadt auf dem
früheren Viehmarkt wird ein völlig
geschlossener Platz mit Läden
und Büroräumen gewonnen.
Wichtige Bauten der Umgebung
wie z.B. die Kirche werden über
Durchblicke einbezogen.

## 1983

● **Opera de la Bastille**
Paris

Wettbewerb in Zusammenarbeit
mit L. Bussjäger, T. Iserentant
und E. Wuthe

Das riesige Opernhaus ist als
Baugruppe aus drei beherrschenden Quadern gebildet, die
den Maßstab des Platzes
weiterführen.
Durch eine große Halle führt der
Weg vom Platz zum rückwärtig
liegenden Zuschauerraum.

**Haus Henderichs**
Stotzheim

Projekt

Langestreckter, schmaler und in
der Höhe gestufter Baukörper.
Darüber liegt frei das Satteldach
Zusammen mit einer Längswand, die den durchgehenden
Seitenflur abschließt, bildet es
die Klimahülle.
Das Bild des Hauses ist die
Vereinigung eines alt-ägyptischen
Stufenbaus mit einem europäischen Flurhaus.

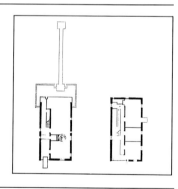

**Haus Dominick**
Bornheim-Walberberg

Umbau und Erweiterung

Umbau eines eingeschossigen
Flachdach-Bungalows zu einem
Giebelhaus mit zweigeschossiger Diele.

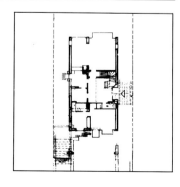

- **Haus Reich-Specht**
Arnsberg

Umbau und Erweiterung

Unter Mitarbeit von
W. Jung

Umbau eines breiten Giebel-Fertighauses in einen gestuften Baukörper, an den ein Glashaus angesetzt ist.
Eine Mauer mit Bibliotheksturm und Galerie (noch nicht fertiggestellt) umschließt das Grundstück.

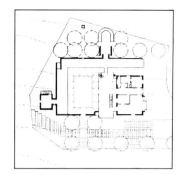

**Haus Nobbe II**
Alfter

Projekt

Langgestrecktes Einfamilienhaus mit großer zweigeschossiger Diele, an die beidseitig je ein Raum anschließt.
Davor liegt eine offene, eingeschossige Vorhalle.

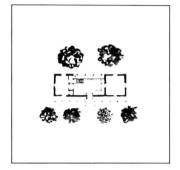

**Pfarrkirche St. Josef**
Lingen-Laxten

Renovierung

Die Kirche von Dominikus Böhm erhielt in der Vorhalle Verglasungen und Türen und im Inneren eine Möblierung für die neue Liturgie.
An die Rückwand wurde eine Konche für den Tabernakel angefügt.

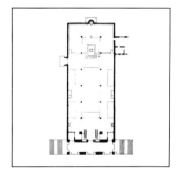

**Haus Duchow**
Alfter-Witterschlick

Neubau

Unter Mitarbeit von
O. Gerlach

Das kompakte, anderthalbgeschossige Haus enthielt als Ordnungselement einen Mittelflur, der bis zum Dachraum reicht.
Die Mauern sind aus Ziegelstein, außen sichtbar, innen verputzt.

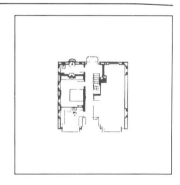

## 1984

- **Haus Bähre**
Algermissen

Neubau

Das langgestreckte Haus entwickelt sich aus einer quer durchgehenden Diele.
Die Fassade begleitet eine Vorhalle. Über dem angefügten Einliegerbau liegt eine überdachte Terrasse.
Die Mauern sind aus Ziegelstein, außen sichtbar, innen verputzt.

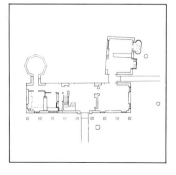

| | | | |
|---|---|---|---|
| | **Haus Groddeck**  Bad Driburg    Neubau    Unter Mitarbeit von  W. Gregori | Unter einem weiten Dach steht ein zweigeschossiger, gestaffelter Bau mit oberem Umgang. Eine zweigeschossige Diele ordnet die Räume. Die Mauern sind aus Ziegelstein, außen sichtbar, innen verputzt. | 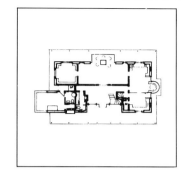 |
| | **Haus Heinze-Manke**  Köln-Rodenkirchen    Neubau | Das zweigeschossige Doppelhaus enthält links ein Dielenhaus mit Innenhof und rechts ein schmales Haus mit Wohnungen in zwei getrennten Etagen. Das Obergeschoß wird von einem Laubengang gefaßt. Die Mauern sind aus Ziegelstein, außen sichtbar, innen verputzt. | 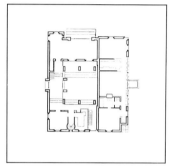 |
| | **Haus Pohlmann**  Neuenkirchen    Inneneinrichtung II | Weiterführung der Arbeiten, für zwei Esszimmer, ein Gäste- und ein Arbeitszimmer. | |
| 1985 | **Haus Henderichs**  Erftstadt-Lechenich    Erweiterung    Unter Mitarbeit von  W. Jung | Wintergarten über der Terrasse im Obergeschoß eines Reihenhauses der 60er Jahre. |  |
| | **Pannier**  Rheinbach    Ladenumbau in Zusammenarbeit  mit G. Sugianto | In einem alten Fachwerkhaus wurde, bei Erhaltung der Fassade, eine feingliedrige Stahlgalerie eingebaut. Eine zurückgesetzte Glaswand läßt im Erdgeschoß einen Vorraum als Element eines gedachten Arkadenganges entstehen. | 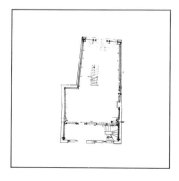 |

**Haus B´scher**
Köln-Marienburg

Projekt

Ein zur Straße hin zweigeschossiges Dielenhaus, eine eingeschossige Arztpraxis und ein Studio umschließen einen Innenhof mit Wasserbecken. Ein Heckenabschluß im Garten erinnert an ein barockes Nymphäum.

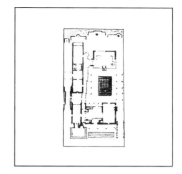

**Haus Dattel**
Köln

Projekt

Ein großes Dach auf Stützen mit verglasten Seitenwänden überspannt zwei hintereinanderliegende, getrennte, zweigeschossige Raumkörper. So entsteht an einer Längsseite ein Flur mit Zugang zum Obergeschoß an der anderen Seite und zwischen den Räumen eine Bildergalerie.

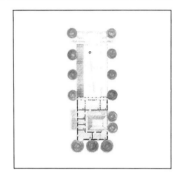

**Stadtbücherei**
Münster

Wettbewerb in Zusammenarbeit mit G. Sugianto und E. Zielhofer

Bibliothek und Museum sind auf den unregelmäßigen Grundstücken der Altstadt als schmale, dreigeschossige Giebelhäuser entworfen.
Sie lassen Wege, Durchblicke und einen Platz frei.

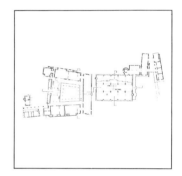

**Haus Nobbe III**
Alfter

Projekt

An der Grundstücksmauer entlang betritt man den Bereich zwischen den Garagen, gradeaus zu einem schmalen zweigeschossigen Giebelhaus und links durch einen Atriumhof zu einem eingeschossigen Flurhaus.

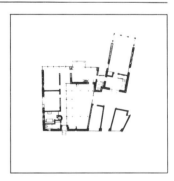

1986

**Neugestaltung Burgberg**
Bad Münstereifel

Wettbewerb in Zusammenarbeit mit G. Sugianto

Vierseitige Umbauung des inneren Burgplatzes, um einen maßstäblichen, geschlossenen Raum zu gewinnen.

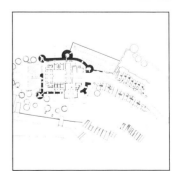

**Kirche Maria Meeresstern**
Borkum

Wettbewerb

Die vorhandene neugotische Kirche wird in der Nutzung umgedreht. Mit abfallendem Fußboden wird sie zum Querschiff des neuen Saalbaus, an den ein weiterer Querarm und ein Turm angefügt ist. Damit entsteht eine lange Straßenfront, die durch eine Arkade ergänzt ist. An einen Innenhof schließen Gemeinderäume an.

**Haus Wuttke**
Swisttal-Ollheim

Projekt

Das langgestreckte Haus ist ein Atelier. Unter dem Podest liegt die Küche.
Das Haus ist aus Ziegelstein. Parallel dazu liegt abgetrennt ein 2m breites, verschaltes, gelb gestrichenes Holzhaus für die übrigen Räume.

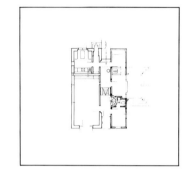

**Kath. Pfarrkirche St. Paulus**
Timmendorfer Strand

Umbau und Erweiterung
Projekt

Unter Beibehaltung einer Mauer sollte der kleine Raum völlig umgebaut werden: Erhöhung des Raumes, Anbau eines Seitenschiffes mit Empore und Erweiterung mit einem Atrium.

## 1987

**Haus Gsell**
Efringen-Kirchen

Neubau

Unter Mitarbeit von
E. Marzusch

Das anderthalbgeschossige Atriumhaus sollte durch eine Diele erschlossen werden. Es war außen in Bruchsteinmauerwerk, innen in Ziegelstein geplant.

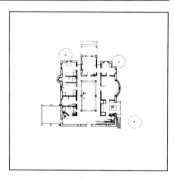

**Haus Papachristou**
Bornheim-Walberberg

Neubau

Unter Mitarbeit von
R. Küppers,
S. Repkes

Die zweigeschossige Diele erschließt die seitlichen Räume und den eingeschlossenen Hof. Die Raumordnung ähnelt dem Haus Heinze; jedoch liegt die Treppe zentral und verschließt den Blick zum Hof.
Über dem massiven Ziegelbaukörper ist das Dach durch eine ringsum verglaste Arkade abgesetzt.

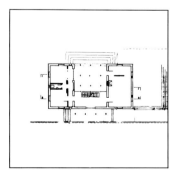

**Haus Nobbe IV**
Alfter

Projekt

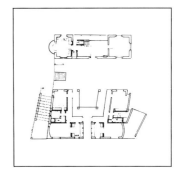

**Alte Schmiede**
Swisttal-Ollheim

Renovierung eines alten
Fachwerkhauses

• **Haus Helpap**
Bonn

Umbau des Gartenhofes und
der Innenräume

Unter Mitarbeit von
I. Schwers

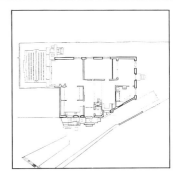

• **Turm St. Willibrord**
Mandern-Waldweiler

Neubau

Letzter Bauabschnitt der Kirche
in Ziegelstein.
(Bau der Kirche 1968)

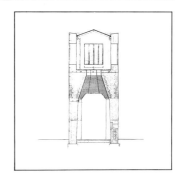

1988 • **Haus Holtermann**
Senden

Neubau

Unter Mitarbeit von
E. Marzusch,
E. Scholz

Eingeschossiges Atriumhaus in
einem Neubaugebiet mit offener
Bauweise.
Der Zugang zu den Räumen führt
über das offene Atrium.

• **Haus Kühnen**
Kevelaer

Umbau und Erweiterung

Unter Mitarbeit von
C. Hoffmann

An ein bestehendes Wohnhaus mit Arztpraxis schließt mit einem neuen Zugang ein Atrium mit einer Bibliothek an.
Hinter dem Atrium liegt quer ein langgestreckter, hoher Gartensaal.

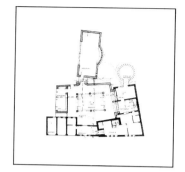

**Haus Häcker**
Heilbronn

Neubau

Der Winzerhof in einem Weinberg ist ein schmales, langes Giebelhaus, das durch eine offene Remise in die Bergseite hinein verlängert ist. Eine kleine Diele teilt die Räume: unten Werkstatt und Küche, darüber Wohnräume und unter dem Dach die Schlafräume.
Der Bau ist in Bruchsteinmauerwerk ausgeführt.

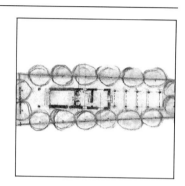

**Haus Strecker**
Delligsen

Neubau

Unter Mitarbeit von
R. Küppers

Der geschlossene Langbau ist im Obergeschoß zurückgestaffelt. Parallel dazu liegt ein kürzerer, schmaler Trakt mit Nebenräumen darüber ein asymmetrisches Dach auf Mauerpfeilern. Der vorgelagerte in das Gelände eingegrabene symmetrische Eingangshof wird von einer Scheune und einem Kinderhaus, beide in Holz, flankiert.

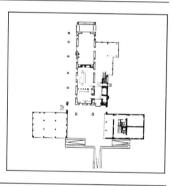

1989

**Haus Fahlkamp**
Swisttal-Ollheim

Projekt

**Neugestaltung Remigiusplatz**
Viersen

Wettbewerb

**Haus Fenster**
Bonn

Projekt

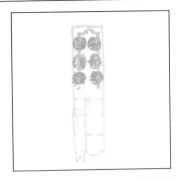 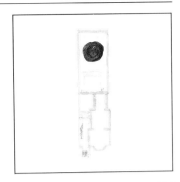

1990 ● **Haus Babanek**
Brühl

Neubau

Unter Mitarbeit von
J. Siller

Der Zugang zum Grundstück quer zur Längsachse liegt am einen Ende des Grundstückes. Der schmale Ziegelsteinbaukörper hat hohe Geschosse und ist im Obergeschoß zurückgestaffelt. Das darübergelegte Satteldach bildet mit dünnen Stützen eine seitlich durchgehende Vorhalle, die völlig verglast ist.

**Haus Nobbe V**
Alfter

Umbau und Erweiterung
Projekt

**ANHANG**

Biographie

Bibliographie

Fotonachweis

| | | |
|---|---|---|
| **Biographie** | 1926 | geboren in Krefeld |
| | 1932 – 1943 | Schule |
| | 1943 – 1948 | Arbeitsdienst, Wehrdienst und Gefangenschaft |
| | 1948 | Aufnahme in die Klasse für Sakral- und Profanbau an der Kölner Werkschule unter Leitung von Prof. Dominikus Böhm |
| | 1952 | Ernennung zum Meisterschüler |
| | 1952 – 1954 | Assistent bei Dominikus Böhm |
| | 1954 | Reise durch die Vereinigten Staaten, die durch Einladung amerikanischer Architeken möglich wurde |
| | 1955 – 1958 | Mitarbeiter bei Gottfried Böhm |
| | 1959 – 1963 | Mitarbeiter bei Emil Steffann |
| | seit 1963 | Selbständige Tätigkeit als freischaffender Architekt |
| | 1984 | Lehrstuhlvertretung Prof. Georg Solms, Universität – Gesamthochschule Wuppertal |
| | 1986/87 | Winter/Sommersemester Lehrauftrag Fachhochschule Trier |
| **Architekturpreise** | 1975 | Kölner Architekturpreis Jugendheim St. Andreas, Wesseling |
| | 1979 | Auszeichnung AK Rheinland-Pfalz Kath. Pfarrkirche St. Willibrord, Waldweiler |
| | 1980 | Kölner Architekturpreis Wohnhaus Stupp |
| | 1985 | Kölner Architekturpreis Wohnhaus Schütte |
| | 1985 | BDA Auszeichnung Nordrhein-Westfalen für Stadtreparatur |
| **Ausstellungen** | 1984 | „Entwerfen bis ins Detail" Technische Universität Braunschweig |
| | 1985 | „Bauen Heute" Architekturmuseum Frankfurt |
| | 1988 | „Entwerfen bis ins Detail" Technische Universität Braunschweig |
| | 1989 | „Neue Architektur im Detail" Kunsthalle Bielefeld, mit Gottfried Böhm und Karljosef Schattner |
| | 1989 | Künstlerhäuser; eine Architekturgeschichte des Privaten, Architekturmuseum Frankfurt |

## Bibliographie

● **Texte von Heinz Bienefeld**

| | |
|---|---|
| Zur Architektur. | Baumeister 12/1982. S. 1168–1169 |
| Über die Wechselwirkung zwischen Oberfläche und Raumwirkung. | ARCH+ Nr. 84. 3/1986. S. 31–33 |
| Bauen mit Stein. Gespräch. | ARCH+ Nr. 84. 3/1986. S. 24–30 |
| Detail. Gespräch. | ARCH+ Nr. 87. 11/1986. S. 41–46 |

● **Veröffentlichungen des Gesamtwerkes oder mehrerer Gebäude**

| | |
|---|---|
| Wohnhäuser von Heinz Bienefeld. | Baumeister 12/1982 |
| Wohnhäuser. | ARCH+ Nr. 62. 4/1982. S. 52–55 |
| The Architecture of Heinz Bienefeld. | Architecture and Urbanism a+u. 7/1983 |
| Manfred Speidel. Der Vorrang des Raumes in der Baukunst. Wohnhausgrundrisse von Heinz Bienefeld | ARCH+ Nr. 79. 1/1985. S. 32–36 |
| Wohnhäuser | architektur (Schweden). 12/1985 |
| Die Architektur von Heinz Bienefeld. | PROLEGOMENA 51. Institut für Wohnbau. TU Wien, 1985 |
| QUADERNS D'ARCHITEKTURA I URBANISME. | Januar, Februar, März 1986 (Barcelona) |
| Architekturporträt. | Große Architekten. Häuser. 3/1986 |
| Fassaden | Edition Detail. Band 1 Köln, 1988 Hrsg. M. von Gerkan |
| Treppen | Edition Detail. Band 4 Köln, 1988 Hrsg. M. von Gerkan |
| Ulrich Weisner. Neue Architektur im Detail. Heinz Bienefeld, Gottfried Böhm, Karljosef Schattner. | Bielefeld, 1989 |
| 3 Wohnhäuser von Heinz Bienefeld | db Deutsche Bauzeitung 3/1989 |
| Große Architekten. | Häuser. Neckarsulm 1988 S. 59–70 |

● Veröffentlichungen einzelner Bauten

St. Willibrord, Waldweiler

Kunst und Kirche. 1/1976. S. 107, 108, 119

Art d'Eglise. 178. 1977. S. 105–111

Baumeister. 1/1980. S. 153–155

Baumeister. 4/1981. S. 105–111

Bauen in Deutschland. Stuttgart 1982.
S. 299–300

Randal S. Lindstrom. Creativity and Contradiction. European Churches Since 1970.
AIA Press, Washington, D.C. 1988 S. 192

Haus Nagel

Architektur & Wohnen. 4/1985. S. 44–49

Baldur Köster. Klassizismus Heute. Berlin 1987.
S. 54

ARCHITECTURAL DESIGN. 5–6/1987

Friedhofskapelle, Frielingsdorf.

Steinmetz + Bildhauer. 11/1983. S. 899–900

Baumeister 10/1982. S. 992–993

Haus Pahde

D-Extrakt. 18/1979

L'architecture d'aujourdhui 1980 1980 S.

Annemarie Mütsch-Engel. Wohngebäude Wand an Wand. Leinfelden-Echterdingen, 1980
S. 166–167

Schöner Wohnen 10/1984. S. 166–170

St. Bonifatius, Wildbergerhütte.

Steinmetz + Bildhauer 4/1983. S. 253–155

Baumeister 19/1982. S. 994–997

Haus Schütte

architektur & wohnen. 4/1983. S. 24–29

Detail. 1/1984. S. 39–42

Die Kunst. 5/1985.

|  |  |
|---|---|
|  | Ideales Heim (Schweiz). 5/1987. S. 40–47 |
|  | Design in Köln. Hrsg. Stadt Köln. 1989. |
|  | Dachatlas 1991. S. 304–305 |
| Haus Stupp | Annemarie Mütsch-Engel. Wohnen unter schrägem Dach. Leinfelden-Echterdingen, 1982. S. 82–83 |
| Haus Derkum | architektur & wohnen. 1/1984. S. 114–121 |
|  | DAIDALOS. Nr. 32. 1989. S. 113–117<br>Künstlerhäuser. Ausstellungskatalog. 1989. Architekturmuseum Frankfurt/M. S. 194–195 |
| Opera de la Bastille | Bauwelt. 8/1984. S. 295 |
| Haus Heinze-Manke | Baumeister. 6/1988. S. 15–21 |
|  | Perspecta 25. 1989. S. 218–225 |
|  | Detail. 2/1990. S. 150–151 |
|  | Häuser. 3/1990. S. 38–47 |
| Haus Helpap | Detail. 3/1989. S. 226–228 |

**Fotonachweis**

Siegried Balke, Köln.
Jürgen Becker, Hamburg.
Achim Bednorz, Köln.
Christoph Heide, Aachen.
Dorothea Heiermann, Köln.
Fred Klöcker, Hohkeppel.
Sebastian Legge, Berlin.
Manfred Speidel, Aachen.
Hajo Willig, Hamburg.
Jörg Winde, Bensberg.